원전 프로파간다

―안전신화의 불편한 진실―

혼마 류 지음 | 박제이 옮김

일러두기

1. 이 책은 국립국어원 외래어 표기법에 따라 일본어를 표기하였다.

2. 어려운 용어는 독자의 이해를 돕기 위해 주석을 달았다. 역자 주와 편집자 주 외에는 모두 저자의 주석이다.
   *용어
      예) 프로파간다propaganda(대중의 심리를 조종하는 선전 전략─역자 주)
          소구(구매욕 자극을 위해 상품의 우월성을 광고하여 공감을 일으키는 것─편집자 주)

3. 서적 제목은 겹낫표(『』), 방송 프로그램은 홑낫표(「」)로 표시하였으며, 그 외 인용, 강조, 생각 등은 따옴표를 사용하였다.
   *서적 제목
      예) 『프로파간다 전사プロパガンダ戦史』, 『원자력전쟁原子力戦争』
   *방송 프로그램
      예) 「NNN다큐멘트」, 「RAB레이더스페셜」

머리말

2011년 3월 11일, 후쿠시마福島 현 도쿄東京전력 후쿠시마 제1 원자력발전소 사고가 일어나기 전, 일본 언론(신문·잡지·TV·라디오) 대부분은 정부 및 '원자력 무라村(원자력발전을 둘러싼 이권으로 맺어진 산관학의 특정 관계자를 일컫는 조어. 한국의 '원자력 마피아'에 상응한다-역자 주)'가 내보내는 원전 예찬 광고 혹은 어용 기사를 대량으로 게재하고 방영해왔다.

그것들은 하나같이 '원전은 절대 사고를 일으키지 않는다', '만일 사고가 나더라도 절대 방사능 유출은 일어나지 않는다'와 같은 '안전신화'로 포장되어 있었다. 그 밖에도 '원전은 청정에너지', '원전은 재생 가능 에너지'라는 문구를 기억하는 분들도 많을 것이다.

이 책에서는 그러한 '안전' 신화의 유포를, 국민을 원전 추진 쪽으로 선동하기 위한 '원전 프로파간다propaganda(대중의 심리를 조종하는 선전 전략-역자 주)'라고 정의 내렸다. 또한 약 40년이라는 시간 동안 원자력 무라가 어떤 방법으로 국민에게 원전 신화를 믿게 했는지를 설명하고 그것을 실행한 주체자와 협력자, 나아가 그 수법과 사례를 소개한다.

'광고'는 무엇을 담당했는가

1950년대부터 국가가 국가 정책으로서 주도하고 정관학政官學, 전력업계를 중심으로 한 경제계가 전개한 원전 추진 홍보 활동은 실시된 시기와 투하된 거액의 예산을 감안하여 생각하면 그야말로 전 세계에서 유례를 찾아보기 힘들 정도로 대대적인 국민 선동 프로파간다였다.

독재국가나 군사국가라면 국가나 권력자의 의사를 전하기 위해 국민을 TV나 라디오 앞에 강제로 앉혀서 위정자의 발언이나 연설을 듣게 할 수 있겠지만, 당연히 평시의 자유주의 사회에서는 그것이 불가능하다. 따라서 권력층의 주장을 무리 없이 효과적으로 국민에게 전달하는 별도의 수단이 필요했다. 그 역할을 담당한 것이 제2차 세계대전 종전 후 일본인의 생활 구석구석에 침투한 '광고'였다. 그리고 그것들을 실제로 만들어 가장 효과적인 원전 전개 계획을 입안하고 실행한 회사가 덴쓰電通(일본 최대의 광고대행사-역자 주)를 정점으로 하는 대형 광고대행사다.

언뜻 보기에는 강제로 보이지 않도록, 다양한 분야의 전문가와 연예인, 문화인, 지식인들이 웃는 얼굴로 안전성이나 합리성을 이야기해왔다. 원전은 풍요로운 사회를 만들며, 개인의 행복에 기여한다는 환상으로 뒤범벅된 광고가 온갖 수단과 방법을 통해 거듭 노출되었다. 그런 광고를 전개하기 위해 일본 아홉 개 전력회사(원전이 없는 오키나와沖縄전력은 제외)가 1970년대부터 2011년에 발생한 3·11까지 약 40년간 쓴 보급개발관계비(광고비)는 무려 2조 4,000억 엔에 달했다(아사히朝日신문 조사). 이것은 일본에서 연간 500억 엔 이상을 쓰는 도요타나 소니와 같은 거대 글로벌 기업조차 사용하는 데 50년 가까이 걸리는 금액이다.

원전 프로파간다를 실시한 것은 전력회사만이 아니었다. 일본 전국에 있는 열 개의 전력회사에서 걷은 회비로 운영되는 전기사업연합회電気事業連合会(전사련)도 전력회사의 별동대로서 전력 공급 관내에 활동이 매어 있는 전력회사 대신 지역이나 현과 상관없이 광고를 냈다. 심지어 전사련은 임의단체여서 활동 내용과 예산이 공표되지 않는다.

더욱이 경제산업성経済産業省 산하의 자원에너지청資源工

ネルギー庁, 환경성環境省 등의 정부홍보 예산, 2000년경부터 광고를 내기 시작한 NUMO(원자력발전 환경정비기구原子力発電環境整備機構)까지 참여하고 나서 투입된 금액은 앞서 말한 2조 4,000억 엔보다 몇 배는 늘었을 것이다. 이렇게 원자력 무라에서 나온 방대한 자금은 광고대행사로 흘러들어가 성별, 연령별 등 온갖 타깃을 향해 원전의 유용성을 그린 세뇌 광고나 CM을 대량으로 제작하여 마구 뿌리게 했다.

이들 대량 광고는 겉으로는 국민에 원전을 알리는 목적을 지녔지만 한편으로는 거액의 광고비를 받는 언론에 바치는 뇌물과도 같은 성격을 띠었다. 너무 큰 금액이기에 한 번이라도 그 돈을 받게 되면 경영 계획에 포함되고 결국 거절할 수 없게 되는 것이다. 그러한 언론의 약점을 잘 알고 있었기에 원자력 무라의 대리인이 되어 각 언론사와의 사이에서 창구 역할을 한 것이 덴쓰와 하쿠호도博報堂로 대표되는 대형 광고대행사였다.

일본 광고업계의 특수성

실은 일본 광고업계는 과점화寡占化를 부추기는 매우 비

뚫어진 구조로 되어 있다.

서양에서는 과점을 막기 위해 일업종일사제—業種—社制, 즉 하나의 광고대행사가 동시에 두 개 이상의 동업종 타사의 광고를 만들 수 없다는 제도가 마련되어 있다. 가령 자동차업계에서 도요타와 계약했다면 닛산日産이나 혼다本田의 일은 맡을 수 없도록 하는 규제가 있는 것이다. 또한 광고 제작 부문과 언론 부문의 분리가 대원칙이다. 그러나 일본에는 그러한 규정이 없다. 따라서 어떤 업종이라도 상위 두 개 회사가 모든 스폰서를 단골 거래처로 삼을 수 있을 뿐 아니라 CM 제작부터 매체 구매(미디어 바잉Media buying)까지 일괄적으로 담당할 수 있는 두 회사가 압도적 우위를 차지하는 구조로 되어 있다.

더욱 특이한 것은 서구 광고대행사가 '스폰서를 위해 미디어라는 틀을 사는 것'이라는 기본 자세를 취하는 것과는 달리 일본 광고대행사는 '(언론을 위해) 언론의 틀을 스폰서에게 파는 것'이 기본적인 체제다. 즉 언론은 덴하쿠電博(덴쓰와 하쿠호도를 아울러 이르는 말-역자 주)가 '광고를 팔도록 만들어야' 하는 약자의 입장이기에 옛날도 지금도 이 두 회사에는 절대 반항할 수 없는 것이다.

반反원전 보도를 바라지 않는 도쿄전력, 간사이關西전력, 전사련 등의 '의향'은 두 회사를 통해 각 언론사에 전달되고 은연중에 위력을 발휘한다. 도쿄전력과 간사이전력은 겉으로는 인심이 후한 후원자와도 같은 '초우량 스폰서'인 체하지만, 반원전 보도 등으로 일단 심기를 거스르면 제공하기로 결정된 광고비를 일방적으로 올리는(삭감하는) 등 강력한 권력을 휘두르는 '숨은 얼굴'을 가지고 있다. 그렇게 '광고비라는 탈을 쓴 협박'을 실행하는 것이 광고대행사의 일이었다.

또한 원전 광고를 게재하지 않는 언론이라도 원전에 대한 비판적 보도는 의도적으로 피했다. 전사련이 늘 언론의 보도 기사를 감시하기 때문이다. 전사련은 자신들의 의도에 반하는 기사를 게재하기라도 하면 전문가를 동원하여 집요하게 반박하고 기사의 수정 및 정정을 요구했다. 이런 식이다 보니 시간이 지나면서 언론은 자숙할 수밖에 없게 되었다.

이런 방식으로 3·11 직전까지 원전 추진 세력은 거대한 광고비의 투입과 정보 감시를 통해 언론을 제압했다. 즉 일본 광고업계의 특수성이 원전 프로파간다 성공의 커다란 요인으로 작용한 것이다. 나는 이 책에서 일본의 원전 프로파간다를 검증하고, 동시에 일본의 제2차 세계대전 종전 후 광고사史의 어두운 면(다크사이드)을 그리려 한다.

목차

'프로파간다'란 무엇인가 / 히틀러의 '반상' / 일본에서 맺은 결실 / 원전 프로파간다를 유포한 언론 / 원전 프로파간다의 캐치프레이즈 / 2조 4,000억 엔에 달하는 선전 광고비 / '세뇌'를 담당한 광고대행사 / 원전 입지 현과 소비지의 다른 메시지 / 도쿄전력 광고비, 팽창의 역사 / 원전 광고의 특이한 양면성 / 광고야말로 원전 프로파간다의 힘의 원천 / 원전 프로파간디스트들 / 원전 프로파간다의 구성 요소

최초의 원전 광고, 후쿠이신문(1968년) / 후쿠시마에서도 원전 광고 게재 개시 / 1974년, 아사히신문에 광고 개시 / 덴쓰의 압력으로 방송국을 퇴사하게 된 다하라 소이치로 씨(1976년) / 연이어 가동하는 원전 / 최초의 경고, 스리마일 섬 사고와 신문 광고(1979년)

2009년 7월 14일 니혼게이자이(日本経済)신문 15단 도시바

서장
'기만'과 '협박'

'프로파간다'란 무엇인가

많은 사람들에게 '프로파간다'는 부정적인 이미지를 환기시키는 말이다. 그렇다면 '광고 선전'과 '프로파간다'는 무엇이 다른 것일까. 양쪽 모두 '상대를 설득한다'는 의미에서는 같지만 쓰이는 상황이 전혀 다르다. 즉 전자는 상업적 세계에서 사용되며, 후자는 정치적 장면에서 사용되는 일이 많다. '광고 선전'이 우리의 일상생활에서 자주 쓰이는 언어인 데 반해, '프로파간다'는 매우 특수한, 정치적 의도를 동반하는 상황에서 사용되는 말이다.

하지만 애초에 프로파간다란, 한마디로 말하자면 '선전 및 홍보 전략'이라는 뜻이다. 특별히 나쁜 의미가 있는 것은 아니나 외래어다 보니 왠지 과장되고 위험한 냄새가 난다.

그 큰 원인 중 하나가 바로 이 말에 제2차 세계대전 중의 나치 독일 이미지가 겹친다는 사실일 것이다. 실제로 나치는 정권 획득 후에 곧바로 선전성(정확히는 국민계몽 · 선전성 : Reichsministerium für Volksaufklärung und Propaganda, 약칭 : RMVP)이라는 조직을 만들어 파울 괴벨스Paul Joseph Goebbels 선전장관을 수장으로 두고 강력한 프로파간다 전략을 전개했다. 그것은 전쟁이 끝난 후 승전국에 의해, 나치즘이라는 광신적 이데올로기를 확산시키기 위해 가동된 '악의 기관'으로 인식되었다. 동시에 '프로파간다'라는 말 자체가 기관(선전성)과 마찬가지로 부정적인 이미지를 덧입은 것이다.

하지만 프로파간다라는 말 자체는 나치가 발명한 것이 아니다. 그 어원은 라틴어인 'propagare(번식시키다. 씨를 뿌리다)'이며, 1622년에 설치된 가톨릭교의 포교성성布敎聖省(Sacra Congregatio de Propaganda Fide), 현재의 복음선교성의 별칭으로서 역사에 등장한다. 즉 기독교 세계에서 가장 중요한 선교활동을 가리키는 말로 생겨난 것이다.

그 후 프로파간다는 국가 간 전쟁에서 필수적인 요소가 되었다. 그것은 인쇄 기술의 진보에 따라 종이 매체를 중심으로 발전했는데, 그 수법은 라디오나 영화라는 새로운 미디어가 등장한 제1차 세계대전 당시에 장족의 발전을 이루었다. 태평양전쟁에서 일본의 대외선전방송을 담당한 이케다 노리자네池田德眞는 자신의 저서 『프로파간다 전사プロパガンダ戦史』(주코신서中公新書, 1981년)에서, 제1차 대전 중 가장 열심히 프로파간다를 연구하고 효과적으로 전장에서

전개한 나라는 영국이었다고 지적했다(영국에는 이미 이 무렵 '웰링턴 하우스Wellington House', '크루 하우스Crewe House'라는 선전기관이 있었다).

또한 세계대전에 참여한 주요국의 프로파간다를 소개한 한스 팀메Hans Thimme의 저서 『무기에 의존하지 않는 세계대전武器に依らざる世大戦』(일본 내각정보부, 1938년 4월 출간-역자 주)을 상세히 분석하여 외무성과 참모본부에 보고했다고 한다. 미국도 1916년에 '미합중국 홍보위원회'를 마련했다. 이미 20세기 초반에 선진국은 프로파간다의 중요성을 충분히 이해하고 연구한 것이다.

히틀러의 '반성'

한편 제1차 세계대전 당시 독일은 프로파간다에 일체 무관심하다시피 했으며, 연합국이 벌인 모략 선전에 대해 거의 무력했다. 실제로 전쟁에 참가하여 부상한 아돌프 히틀러Adolf Hitler(훗날 독일 제3 제국 총통)는 이 사실을 피부로 느꼈다. 훗날 저작 『나의 투쟁Mein Kampf』에서 "사람들은 선전을 올바르게 이용하면 얼마나 큰 효과를 거둘 수 있는지 전쟁 중에 처음으로 이해했다. (중략) 우리는 그 부분에서 실패했지만 상대방은 미증유의 교묘함과 천재적인 계산을 거친 선전으로 대응했기 때문이다. 이렇듯 적의 전시 선전을 통해 우리도 수없이 많은 것을 배웠다"라고 말했다. 훗날 히틀러는 선전성을 만들어 이때 한 반성을 충분히 활용했다.

이처럼 프로파간다 전략은 제1차 대전 당시 연합국에 의해 이미 실시되었다. 나치는 그저 패배에 대한 반성을 실제로 적용하기 위해 선전성을 세웠을 뿐, 프로파간다는 나치의 전매특허가 아니다. 그러므로 이 용어를 과도하게 나치와 일체화하는 것은 옳지 않다.

그래도 제2차 세계대전 종전 후 행해진 철저한 나치 단죄(결과적으로 그 또한 프로파간다였지만)에 의해 '프로파간다'란 사람을 속이는 사악한 선전 활동이라는 부정적 이미지로 자리잡았다. 한편, 제2차 세계대전 후 미국과 소련이 대립했던 냉전시대에 서로 자국의 체제가 우위에 있다고 선전하는 열렬한 프로파간다 전쟁이 일어난 일은 역사적 사실이다. 더욱이 그 후 냉전 종결 후 미국에 의한 대중동 전략, 특히 이라크전쟁을 정당화하기 위해 전 세계를 대상으로 강력한 프로파간다 전략이 전개된 사실은 노암 촘스키Noam

Chomsky나 에드워드 사이드Edward W. Said의 저작을 통해 밝혀졌다.

일본에서 맺은 결실

즉 프로파간다(광고·선전)는 시대의 요청으로 전 세계 각지에서 온갖 수단과 방법을 거쳐 최첨단의 강력한 기술을 통해 전개되었다. 그 기술을 갈고닦은 것이 세계 각국의 광고대행사, 홍보회사인데 일본에서는 양대 광고대행사, 즉 덴쓰와 하쿠호도를 들 수 있다. 그리고 그 결실 중 하나가 일본에서 전개된 원전 추진 광고, 즉 '원전 프로파간다'였다.

이것은 1950년대에 원전 추진을 국책으로 정한 시점에서 보면 당연한 귀결이다. 국책이라고 결정한 이상 온갖 어려움을 무릅쓰고라도 원전을 추진해야만 했다. 하지만 제2차 세계대전 후 일본은 민주주의 국가가 되었기에 아무리 국책이라 하더라도 나리타成田공항 투쟁(1970년대 일본 나리타 국제공항 건설에 반대하는 투쟁 및 이와 관련한 사건-역자 주) 때처럼 반대파를 강경하게 배제하기만 해서는 전국에서 원전 건설을 원활히 추진할 수 없었다. 따라서 임시적이어도 좋으니 국민 다수의 합의 형성(촘스키는 그것을 '합의 조작Manufacturing Consent'이라고 명명했다)이 필요했다. 즉 다수의 국민이 원전을 용인하는 여론 형성을 목표로 삼은 것이다.

그리고 그것을 실현하기 위해서는 전국을 뒤덮은 거대한 언론과 지방에 뿌리 내린 지역 언론 모두를 활용하여 국책을 선전하고 국민에게 '원전은 안전하고 꼭 필요한 시스템'이라는 의식을 침투시킬 필요가 있었다. 그래서 일본 정부와 전력회사는 원전 건설이 시작된 1960년대 후반부터 3·11까지 그 기본자세를 충실히 유지하며 거액을 투자하여 프로파간다를 추진해온 것이다.

하지만 그 목적에는 두 가지 큰 문제가 있다. 하나는 원전이라는 시스템이 매우 불완전하여 지난 40년간 사고가 빈번히 발생한 것. 다른 하나는 일본이 세계 유수의 지진 대국이라서 원전을 건설하기에 전혀 맞지 않는 지역이라는 사실이다. 따라서 원전을 추진하기 위해서는 치명적인 결함을 철저히 숨겨야만 했다. 단순히 '원전은 안전'하다는 가벼운 '선전 홍보' 수준이 아니라 무슨 일이 있어도 절대 안전하며 사고 따위는 일어날 수 없다는, 어쩌면 광신

적이라 할 수 있는 '안전신화'를 유포하는 철저한 '프로파
간다'가 필요해진 것이다.

강연 등에서 '2차 세계대전 후 일본에서 약 40년에 걸쳐
원전 프로파간다가 전개되었다'는 이야기를 하면 수많은
사람이 의아한 표정을 짓는다. '프로파간다'라는 말은 아
무래도 과장스러운 느낌인 데다, 마치 나치 시대라고 말
하는 듯해서 자신들이 사는 현대 일본에서 그런 일이 있
었다는 사실을 믿을 수도 없고 믿고 싶지도 않기 때문이
리라.

하지만 앞서 말한 것처럼 원전을 에너지 정책상 국책으
로 삼은 시점부터 일본은 국민을 끌어들이기 위해 거대하
고 지속적인 홍보 · 선전 활동(프로파간다)을 전개할 필요성이
생겼다. 그래서 원자력 무라는 온갖 언론에 어마어마한
자금을 뿌려서 '원전 프로파간다'를 전개했다. 이때 투입
된 금액은 일본의 아홉 개 전력회사의 보급개발관계비(홍
보비)만 해도 약 40년간 2조 4,000억 엔(아사히신문 조사)에 달하
는 터무니없는 거액이었다. 그런데도 국민 대부분이 프로
파간다의 존재를 눈치 채지 못했다는 사실이 바로 그것이
성공했다는 것을 여실히 말해주고 있다. 속고 있는 사람

들이 인식하지 못하도록 하는 것이야말로 프로파간다의 가장 큰 목적이기 때문이다.

또한 프로파간다의 수법, 즉 다양한 홍보 표현의 기술은 세월의 흐름에 따라 세련된 옷으로 갈아입으며 설득력을 더해갔다. 처음에는 학자가 나와 설명하며 딱딱한 인상을 주던 광고가 점차 일러스트나 만화, 원전에서 일하는 사람들의 그림을 이용하게 되었다. 나아가 연예인이나 유명인의 대담 등도 등장했다. 그리고 최종적으로는 여성이나 어린이 등 대상에 따라 표현을 달리하는 데까지 발전했다. 즉 원전 프로파간다의 역사는 바로 일본의 언론사 및 광고업계의 역사와 고스란히 겹치는 것이다.

원전 프로파간다를 유포한 언론

그렇다면 오랫동안 왜 이런 시스템이 노출되지 않았을까? 가장 큰 이유는 본래라면 경종을 울려야 할 언론(신문, TV, 잡지 등)이 완전히 원전 추진 세력(원자력 무라)의 손아귀에 들어가 그들의 협조자가 되어버렸기 때문이다. 언론은 장기간에 걸쳐 거액의 '광고비'를 지급받음으로써 원자력 무라를 비판하지 못하게 되었을 뿐 아니라 심지어 그 프로파간다의 일익을 담당하게 되었다.

특히 2003년 이후, 신문이건 TV건 언론이 원전에 관한 부정적인 정보 제공을 자숙하게 되었다. 따라서 원전의 부정적인 면이 국민 대부분의 눈에 띄지 않게 되었고(그 이유는 나중에 설명하겠다) 심지어 문제가 있다는 사실조차 알지 못했다. 가끔 사고 보도는 있었지만 보안원保安院(당시, 원자력안전·보안원原子力安全·保安院의 약칭-역자 주)이나 어용학자들은 '모든 것은 경미한 현상(그들은 절대로 '사고'라는 표현을 쓰지 않았다)'이라고 주장하며 오히려 비판하는 이들을 일제히 공격했다. 그런 현상이 후쿠시마 제1 원전 사고가 발생하기 전까지 꾸준히 이어진 것이다.

그러나 2011년 3월 원전 사고가 발생하여 프로파간다의 핵심이었던 도쿄전력이 그 기능을 수행할 수 없게 되었다. 그 결과 오랜 시간 원자력 무라의 눈치를 살피던 언론도 본연의 역할로 돌아가 드디어 다양한 면에서 비판적인 검증이 이루어지게 되었다.

하지만 오랜 기간 원전 프로파간다의 하수인을 자처한 사실에 대해서는 대부분의 언론이 검증조차 하려 하지 않

는다. 주요 언론 중에 과거를 제대로 검증하고 자기비판을 한 것은 아사히신문의 『원전과 미디어原発とメディア』(2011년 10월~2012년 1월 게재, 2012년에 서적으로 출간) 정도일 것이다. 그리고 사고로부터 수년이 지난 지금, 수많은 언론은 원자력 무라의 반격으로 다시금 그들에게 굴복하려 한다. 언론 대부분은 프로파간다를 따랐다는 떳떳하지 못한 일은 없었고, 그보다 애초에 원전 프로파간다가 존재했다는 사실조차 인정하고 싶지 않은 것이다.

그러나 수많은 일본 국민의 의식에 깊이 각인된 '원자력은 전력 생산의 3분의 1을 담당한다', '원자력은 청정에너지'와 같은 카피는 그야말로 언론이 국민의 눈과 귀에 실어나른 '프로파간다 성과'다. 각 언론사가 신문·잡지 광고나 TV·라디오의 CM을 통해 전국 방방곡곡에 끊임없이 유포했다는 사실을 절대 잊어서는 안 된다.

나는 약 18년간 대형 광고대행사 '하쿠호도'의 영업 현장에서 일했다. 영업직은 매일 스폰서기업을 만나 업무를 수주하고, 최종적으로 수금의 책임까지 지는 자리다. 따라서 기획 입안, 광고 제작, 매체 구매, 판매 시책 등 선전·광고 활동에 관한 흐름을 전부 알게 된다.

그러한 현장의 업무 흐름을 경험한 사람 눈에는 언론과 원자력 무라의 유착 구조가 손바닥 보듯이 훤하게 들어왔다. 그토록 비참한 원전 사고가 일어났으니 조만간 언론이나 광고업계의 저명인사가 반성하며 스스로 평가하고 검토하리라 생각했다.

하지만 사고 후 몇 년이 지난 지금까지도 언론이나 광고업계는 반성하는 기색을 전혀 보이지 않았다. 그런 모습을 지켜보며 해당 시스템을 고발하고자 몇 권의 책을 출간했다. 이 책에서는 그 과정에서 모은 방대한 정보를 정리·재구성하여, 지난 반세기 가까이에 걸쳐 일본을 뒤덮고 있던 '원전 프로파간다'의 실태를 이해하기 쉽게 설명할 것이다.

원전 프로파간다의 캐치프레이즈

프로파간다의 진면목은 그것이 일어나고 있다는 사실을 알지 못하도록 사람들을 마인드컨트롤하는 것, 즉 당하는 사람들이 눈치 채지 못하게 하는 데 있다. 속이는 사람은 속일 상대가 눈치 채지 못하도록 신중하게 계획을 짜고 다양한 수법을 구사해 속이기에 들어간다. 그리고 일본에서 원전 프로파간다의 핵심을 이룬 것은 언제나 일본의 경제성장과 함께 걸어온 '선전광고'였다.

이미 잘 알려져 있지만 3·11 이전의 원자력 무라는 아래와 같은 캐치프레이즈를 늘 사용해왔다.

· 원전은 일본의 에너지 생산량의 3분의 1을 담당한다.
· 원전은 절대적으로 안전한 시스템이다.
· 원전은 청정에너지다.
· 원전은 재생 가능한 에너지다.

원전 사고가 일어나기 전에 수많은 사람이 들어본 말일 것이다. 하지만 그것은 절대 우연이 아니다. 모든 원전 광고에 반드시 사용하도록 정해진 말이었다. 그리고 사고 이전 수많은 일본인이 깊이 생각하지도 않고 무심코 그 문구를 믿어왔다는 사실은 2009년 내각부가 시행한 '원자력에 관한 특별 여론조사'에서 '원자력 추진'에 대한 찬성이 59.6%, '현상 유지'는 18.8%라는 숫자에 여실히 드러나 있다. 즉 국민의 약 80%가 원전 추진에 긍정적이었던 것이다.

원전에 대한 이런 높은 긍정은 대체 어디에서 온 것일까. 2009년이라면 이미 스리마일 섬 원전 사고와 체르노빌 사고가 일어난 이후이며, 특히 후자의 막대한 피해 상황은 일본 언론도 크게 보도했다. 더 가깝게는 2002년 도쿄전력 원전 문제 은폐라는 큰 사건도 있었다. 그런데도 국민의 의식은 원전에 긍정적이었다.

그 요인을 생각할 때, 당연하지만 인위적인 '민의의 유도'를 의심해야만 한다. 수많은 사고와 고장, 은폐가 있었는데도 국민의 의식을 원전 추진 찬성으로 향하게 하는 무언가. 그 '무언가'가 바로 대량의 '원전 추진 광고'와 원전 정책에 무비판적인 '어용보도'였다.

2조 4,000억 엔에 달하는 선전 광고비

수많은 사람들의 의식에 원전 추진을 호소하여, 무의식 중에 동조하게 한다. 이것이야말로 '프로파간다=선전 행위'이며, 원자력 무라는 제2차 세계대전 후 40년 이상 원전을 예찬하는 선전 · 광고 활동을 계속 전개해왔다. 프로파간다에 들이부은 자금이 적게 잡아도 약 2조 4,000억 엔에 달한다는 사실은 앞에서도 언급한 바 있다(표1).

표1_9개 전력회사 보급개발관계비(1970~2011년)

홋카이도(北海道)	1,266억 엔
도호쿠(東北)	2,616억 엔
호쿠리쿠(北陸)	1,186억 엔
도쿄(東京)	6,445억 엔
주부(中部)	2,554억 엔
간사이(関西)	4,830억 엔
주고쿠(中国)	1,736억 엔
시코쿠(四国)	922억 엔
규슈(九州)	2,624억 엔
합 계	2조 4,179억 엔

이것은 두 가지 의미에서 경악할 만한 숫자다. 첫 번째는 금액의 거대함이다. 가령 소니나 도요타 등의 글로벌 기업조차 국내 단일 광고비가 연간 500억 엔 정도다. 즉 지방 기업 모임에 지나지 않는 전력회사가 글로벌 기업과 동등한 광고비를 40년 이상 퍼부어온 셈이다.

전력회사는 경쟁사가 존재하지 않는 지역 독점 기업체이므로 본래라면 이처럼 거액의 광고비가 필요 없다. 그런데도 이렇게 많은 광고비를 투하해온 데는 나름의 이유가 있었기 때문이다. 거듭 원전의 안전성과 필요성을 설득하고 원전의 위험한 실체는 숨겨서 수많은 국민이 원전 추진에 막연히 찬성하도록 만드는 작업이 반드시 필요했던 것이다.

두 번째로 놀라운 점은 이들 광고비의 기초 자금이 모두 이용자에게 걷은 전기요금이었다는 사실이다.

통상, 기업의 선전 광고비는 본업을 통해 얻은 수익에서 변통한다. 따라서 매출이 떨어지거나 적자를 기록하면 가장 먼저 광고비가 삭감된다. 하지만 전력회사는 독점 기업인 데다 모든 경비를 원가에 계상할 수 있는 총괄원가 방식이므로, 선전 광고비를 모두 원가로 상정하여 전기요금으로서 이용자에게 청구할 수 있었다. 즉 실적에 관계없이 사실상 무한한 예산을 보유하고 있었던 셈이다. 이용자는 다른 전력회사를 고를 수 없으니 내라는 금액을 다 낼 수밖에 없다. 블랙 코미디 같은 이야기지만 원전에 반대하는 사람에게도 전기요금은 징수되었고 그중 일부가 원전 프로파간다의 기초 자산으로 활용된 것이다.

'세뇌'를 담당한 광고대행사

1990년대 이후 광고 마케팅 이론과 기법은 매우 발전하여 몇 가지 우발적 조건을 제외하면 상품이 팔릴지 안 팔릴지는 투하되는 광고량에 의해 미리 결정된다는 사실이 명백해졌다. 즉 쏟아붓는 광고량이 많으면 많을수록 캐치프레이즈(헤드라인)가 사람들의 기억에 남는다. 이것을 업계 용어로 '서브리미널 효과subliminal effect'라고 부른다.

원자력 무라는 총괄원가방식으로 거둬들인 자금을 물 쓰듯 쏟아부어 신문·잡지 등의 활자, TV·라디오의 영상과 소리를 이용하여 원전 안전신화를 국민의 '잠재의식' 속에 한결같이 새겨넣었다.

이때 중요한 점은 전력회사가 직접 광고를 만드는 것이 아니라 실제로 제작한 곳은 전력회사에서 광고를 의뢰받은 광고대행사였다는 사실이다. 광고를 제작하여 언론의 지면이나 광고 시간을 구매하는 일은 광고대행사만이 할 수 있는 일이므로 그들의 협력이 반드시 필요했다. 그리고 그 대부분을 도쿄전력의 주거래 광고대행사인 덴쓰가 도맡았다.

광고대행사가 지닌 홍보 노하우를 충분히 활용하여 모든 연령대, 즉 남녀노소에 맞춘 원전 프로파간다가 전개되었다. 어린이에게는 만화나 애니메이션을 사용하고, 어른에게는 연예인과 저명인사를 등장시켜 이야기하게 했다. 성별 차이도 두었는데 남성지와 여성지에 각기 다른 내용과 표현 방법을 쓴 광고를 게재했다. 나아가 원전 입지 현을 대상으로 한 지역 대책으로서 해당 지역의 토시와 역사, 풍토에 원전을 관련짓는 등 생각할 수 있는 모든 표현 방법을 구사하여 반복적으로 '원전신화'를 사람들의 잠재의식 속에 새겨넣었다. 그런 방법을 고안하고 언론과 다리를 놓아준 것이 바로 일본의 광고업계를 양분하는 덴쓰와 하쿠호도였다.

언론이 권력층과 한패가 되어 국민을 선동하는 바람에 일본을 멸망 위기에 처하게 한 사건이 태평양전쟁이다. 이것은 일본인이라면 역사적 사실로서 누구나 알고 있는 것이다. 전쟁이 끝난 후 언론은 그 반성을 발판으로 다시 출발했을 터이다.

제2차 세계대전 이전 및 전쟁 중의 기사나 광고가 전쟁 수행 프로파간다의 대의명분으로 삼은 것은 주로 정신론과 이데올로기였다. 한편, 종전 후 전개된 원전 프로파간다가 그것과 결정적으로 다른 것은 '경제적 안정'과 '풍요로운 생활의 보장'을 소리 높여 외쳤다는 점이다.

　제2차 세계대전 종전 후 일본은 국민이 주권자인 민주주의 국가가 되었다. 따라서 그 이전의 초국가주의나 자기희생을 찬미하고 강요하며 국가에 목숨을 바치는 전체주의적 선동이 불가능해졌다. 그 결과 대신 등장한 것이 '개인의 생활 향상, 경제적 풍요'를 강조하는 도식이었다.

　특히 원전 입지 현의 지역 신문에는 원전을 유치하면 전원삼법교부금제도電源三法交付金制度에 의한 세금이 대량으로 투입되어 지역민의 생활이 극적으로 나아지고 지역이 풍요로워진다는 기사와 광고가 범람했다. 원전의 유치가 개인의 행복과 직결한다는 도식은 의무감만을 강조하던 전시 프로파간다보다 훨씬 교묘하고 매력적이었기에 수많은 사람이 공감할 수밖에 없었다.

원전 입지 현과 소비지의 다른 메시지

소비 사회의 도래로 고도 성장기에 돌입하여 일본 전체가 풍요로웠던 1960~1970년대조차 후쿠시마 현이나 후쿠이福井 현, 아오모리青森 현, 니가타新潟 현 등 훗날 원전을 유치한 지방 지역들은 성장 산업이 적었고, 당시 이미 인구 과소로 인한 지역 쇠퇴로 골머리를 앓고 있었다. 그러한 지역에 '생활 향상'이라는 달콤한 환상을 심은 것이 원전 입지 지역에 대한 원전 프로파간다였다.

즉 원전 프로파간다는 원전 입지 현인 '지방'과 전력 소비지인 '도시'에서 미묘하게 다른 메시지를 보냈다. 입지 현에 보내는 메시지는 주로 다음과 같은 것이었다.

(A)원전을 유치하면 전원삼법교부금 등의 세금이 대량으로 투하되어 지역 경제가 풍요로워진다. 따라서 개인의 삶도 풍족해진다.

(B)전원삼법교부금 등으로 지역 인프라를 정비하면 그 후 지역 발전의 기폭제가 되어 새로운 산업 육성·유치의 기초를 다질 수 있다.

(C)원전은 일본 경제에 필수적인 전력 공급의 근간이다. 따라서 원전을 유치하면 '전력의 고향'으로서 국책에 공헌할 수 있기에 매우 자랑스러운 일이다.

(D)원전은 몇 중의 다중 제어 설비로 이루어져 있으므로 중대 사고는 절대 일어나지 않으며 평시라도 만전의 감시 체제가 마련되어 있으므로 방사능 유출 등의 문제는 없다.

이상과 같은 내용의 광고와 기사가 특히 1970년대부터 1980년대에 걸쳐 원전 가동 시 지역신문과 지역 방송국에 대량으로 게재되었으며 저명인사를 초빙한 심포지엄도 빈번히 열렸다. 그러한 광고의 스폰서는 주로 그 지역의 전력회사, 관련기업, 현청이다. 10월 26일 '원자력의 날' 전후에는 전기사업연합회(전사련)에 의한 광고나 정부 홍보도 게재되었다.

반면 소비지인 간토関東(일본 수도권을 중심으로 한 지역·역자 주)나 간사이関西(일본 오사카, 교토 등을 중심으로 한 지역·역자 주)의 언론(주로 전국지와 잡지)에는 (A)~(C)에 기술된 광고나 기사는 거의 찾아보기 힘들었다. 전원삼법교부금의 혜택이나 원전이 국책에 기여한다는 등의 호들갑스러운 주장은 전력 소비지에 사는 사람들에게는 공감을 얻을 수 없기 때문이다.

그 대신 소비지에서는 (D)'원전의 안전성'이라는 주장이 특히 강조되었다. 그 밖에도 (E)'자원이 없는 일본에서는 자비를 들여 에너지를 확보해야 한다. 그러기 위해서는 발전 비용이 수력·화력 발전보다 저렴한 원전이 최적이다'라는 발전 비용의 우위성을 강조하는 내용이나 특히 1997년의 교토의정서京都議定書(지구온난화 규제 및 방지를 위한 국제 협약인 기후변화협약의 구체적 이행 방안을 가리키며, 선진국의 온실가스 감축 목표치를 규정했다-역자 주) 채택 후에는 (F)'원전은 발전 시에 이산화탄소를 발생시키지 않는 청정에너지다'라는 문구가 반드시 들어갔다. '원전은 청정에너지'라는 주장은 특히 여성층이나 청년층을 겨냥했으며 여성지에도 빈번히 광고가 게재되었다. 듣기 좋은 소리여서인지 아직도 원전이 청정에너지라고 착각하는 사람이 수없이 많다.

이처럼 똑같이 '원전 프로파간다'라고 해도 실행자 측은 지역·성별·연령별로 대상을 세세히 설정하여 그 대상에 가장 효과가 있는 방법으로 광고를 전개했다.

그리고 그 계획부터 실행까지 도맡은 주인공이 바로 대

형 광고대행사였다. 일본 국민은 그 교묘한 광고 선전 전략에 속아넘어갔고, 3·11 전 실시한 여론조사에서는 실제로 응답자의 80% 가까이가 원전 추진에 찬성하는 입장을 표했다.

도쿄전력 광고비, 팽창의 역사

표2는 1965년부터 2012년까지 도쿄전력의 보급개발관계비(광고비) 추이다. 처음에는 연간 7억 엔 정도였던 광고비는 원전의 증설과 함께 비약적으로 팽창하여 1989년에는 연간 200억 엔을 돌파했고 이후 줄어들지 않았다.

참고로 지역에서 대형이라 불리는 기업(각지의 대형 지방은행 등)조차 연간 광고비는 많아야 5억 엔 정도다. 따라서 간토 일대에만 판매망을 보유했던 지역 기업인 도쿄전력의 광고비 200억 엔은 지극히 이상한 액수다. 그 팽창 과정을 검증하면 '법칙' 하나가 보인다.

최초의 전기轉機는 1979년의 스리마일 섬 원전 사고다. 같은 해 43억 엔이었던 광고비는 이듬해 갑자기 53억 엔으로 증가했고, 1983년에는 63억 엔, 그리고 1984년에는

표2_도쿄전력 보급개발관계비의 추이(1965~2012년)
'신문 아카하타(しんぶん赤旗)' 조사

(금액 단위 : 억 엔)

연도	1965	1966	1967	1968	1969	1970	1971	1972	1973	1974
금액	7.6	8.0	9.3	10.7	12.0	15.7	11.3	10.5	11.9	11.4

*1979년 스리마일 섬 사고

연도	1975	1976	1977	1978	1979	1980	1981	1982	1983	1984
금액	12.0	20.3	28.8	44.0	43.9	53.2	57.9	54.5	63.8	93.2

*1986년 체르노빌 사고

연도	1985	1986	1987	1988	1989	1990	1991	1992	1993	1994
금액	113.0	121.2	150.6	180.9	206.6	224.0	228.6	220.4	227.6	236.8

2002년 도쿄전력 원전 문제 은폐 발각*
2004년 미하마 원전 3호기 사고*

연도	1995	1996	1997	1998	1999	2000	2001	2002	2003	2004
금액	226.9	222.7	243.4	242.7	243.1	249.1	239.2	203.2	213.6	268.4

*2008년 리먼 사태

연도	2005	2006	2007	2008	2009	2010	2011	2012	합계
금액	293.5	286.2	279.1	222.4	243.6	269.0	57.0	20.4	6513.2

갑자기 93억 엔으로 증가했다. 즉 사고 후 불과 5년 만에 두 배로 증가한 셈이다. 우선 이런 일은 일반적인 민간 기업에서는 일어날 수 없다.

그리고 이 경향은 1986년 체르노빌 원전 사고 때도 똑같이 재현된다. 사고 이듬해 광고비가 갑자기 30억 엔 상승한 150억 엔으로 증가했다. 그 정수를 보여준 것은

2002년 도쿄전력 원전 문제 은폐이며, 그 다음에 이어서 2004년의 미하마美浜 원전 3호기 사고 이듬해에는 광고비가 갑자기 약 30억 엔 증가하여 연간 293억 엔까지 뛰어올랐다. 그리고 그 후 3·11 후쿠시마 원전 사고가 일어날 때까지 도쿄전력의 광고비는 연간 200억 엔을 밑도는 일이 단 한 번도 없었다.

즉 도쿄전력이라는 회사의 광고비는 어떤 문제가 발생할 때마다 팽창한 것이다. 하지만 두말할 필요 없이 일반적인 기업은 어떤 불상사가 생기면 광고비가 감소한다. 사죄 광고 같은 것은 낼지도 모르지만 평소와 같은 광고를 내보내는 것은 자제하기 때문이다.

그러나 도쿄전력은 일반 기업과는 완전히 다른 도전적인 행동을 취했다. 여기에서 우리는 도쿄전력이라는 기업이 세상의 상식과 얼마나 괴리되어 있는지 확실히 알 수 있다. 도쿄전력의 광고 목적에는 일반적인 기업의 그것과는 동떨어진 의도가 숨어 있었던 것이다.

원전 광고의 특이한 양면성

그렇다면 도쿄전력은 왜 불상사가 일어날 때마다 광고비를 늘려온 것일까. 그것은 도쿄전력(혹은 원자력 무라)의 광고에 일반 기업에는 없는 다른 목적이 숨어 있었기 때문이다.

보통 광고에는 신상품 등의 개발을 알리는 '상품 광고'와 기업 브랜드를 널리 알리는 '기업 광고' 두 가지 종류가 있다. 원전 광고는 양쪽 모두의 성격을 띠었다.

그러나 원전 광고가 지니는 다른 광고와의 큰 차이는 일단 무조건 상품(원전)이 안전하다고 연거푸 말하는 것이었다.

이것이 자동차 광고라고 생각해보자. 어떤 차종이 리콜 대상이 된다면 그 광고는 즉시 중단된다. 하지만 원전 광고는 어떤 원전에서 사고가 발생하면 그 지역에서는 잠시 광고를 중단하더라도 다른 지역에서는 절대 중단하지 않았다. 사고는 어디까지나 '우연'이며 '경미'한 것이고 다른 지역에서 그러한 사고는 발생하지 않는다고 주장하기 위해서였다. 즉 다른 지역의 불안을 불식하기 위해 '원전은 안전하다'는 기본 원칙에는 흔들림이 없다고 계속 말해야

했기 때문이다.

그리고 설령 사고가 나거나 불상사가 발생하더라도 광고를 내보내는 것을 막기는커녕 오히려 광고를 늘렸다. '사고는 별일 아니다'라는 메시지를 대량으로 내보내 부정적인 기사를 묻어버림으로써 기사의 존재를 지우거나 혹은 신뢰를 실추시킨다. 그러한 광고 전개 수법은 일반적 광고 전략과 결정적으로 달랐다.

또 하나의 큰 차이는 광고 목적 그 자체에 있었다. 원전 광고의 목적은 일반 상품처럼 사용자에 대한 제품의 소구(구매욕 자극을 위해 상품의 우월성을 광고하여 공감을 일으키는 것-편집자 주)가 아니었던 것이다.

광고야말로 원전 프로파간다의 힘의 원천

원전 광고가 지니는 또 하나의, 그리고 최대의 목적은 거액의 광고비를 지급함으로써 그 광고를 게재하는 언론에 암묵적 압력을 행사하는 것에 있었다.

저널리즘이니 보도기관이니 하지만, 어차피 언론도 장사고 언론사는 사기업이다. 그러므로 거액의 광고비를 지급해줄 스폰서, 특히 정기적으로 광고 지면이나 시간대를 구매해주는 대형 스폰서는 무척 고마운 존재다. 그것이 연간 수천만, 수억 엔에 이른다면 더더욱 그럴 것이다. 따라서 언론사는 자연스럽게 스폰서 기업의 불상사를 철저히 추궁하지 않게 된다. 이것은 모든 언론이 안고 있는 아킬레스건인데 원자력 무라는 바로 그 약점을 찌른 것이다.

후쿠시마 원전 사고가 나기 전, 전력회사는 어디서든 최우량 스폰서이자 광고 게재 요금 인하를 요구하지 않고 착실히 정가를 지급해주는 고마운 단골 거래처였다. 또한 그 지역에서는 예전에도 지금도 스포츠 이벤트나 특설 매장, 불꽃축제 등의 유력 스폰서로서 지역에 없어서는 안 될 존재였다. 원전 이외의 광고(에너지 절약 호소 등)도 적극적으로 내보냈다.

특히 거품경제 붕괴 이후 경기 침체로 인한 광고 수입 감소로 고생하던 각 언론사는 이렇듯 지역 거물인 전력회사라는 우량 스폰서에 반항해서 귀중한 수입원을 잃는 것을 극단적으로 두려워했다. 자연히 광고 내용은 꼼꼼히 조사하지 않게 되었고, 전력회사의 광고는 점검을 거치지 않은 채 신문·잡지 지면에 넘쳐나게 되었다.

그렇게 되자 스폰서로서의 지위는 날로 상승하여 더더욱 '손을 댈 수 없는' 존재로서 군림하기에 이른다. 특히 재무 기반이 약한 지역 신문사나 방송국은 자사 소속 과학 전문기자가 적었기에 첨단 기술의 집합체인 원전에 비판적으로 대치하는 것이 불가능에 가까웠다. 따라서 전력회사의 발표를 무비판적으로 고스란히 지면에 게재하거나 뉴스로 내보내는 관습이 생겨났다.

전력회사 측도 자신들이 우위에 있다는 사실을 충분히 이해하고 있었다. 이따금 반원전 입장의 기사가 게재되면 기사를 담당하는 편집국이 아니라 우선은 광고를 담당하는 영업국에 항의하며 광고를 줄이겠다는 협박으로 압력을 행사하는 것이 상투적인 수법이었다. 그러한 '언론의 약점'을 원자력 무라에게 가르쳐준 것은 언론의 수익 시스템을 속속들이 잘 알고 있는 광고대행사였다.

즉 전력회사의 광고 발주는 평시에는 원전이 장밋빛이라는 보도를 부탁하는 '뇌물'이며, 사고 등의 유사시에는 발주 비용 인상을 슬며시 내비치며 언론에게 보도 자제를 요구하는 '협박' 수단으로 변모한 것이다. 이런 자세는 일반적인 스폰서 기업이라면 상상도 할 수 없는 일이지만,

2011년 원전 사고가 일어나기까지 이 시스템은 대부분의 언론에 유효하게 기능했다. 즉 전후 70년 동안 확립한 광고 비즈니스 구조가 원전 프로파간다의 힘의 원천이었던 셈이다.

원전 프로파간디스트들

그렇다면 이 '원전 프로파간다'의 중추, 즉 사령탑은 도대체 누구였을까.

실은 일본의 원전 프로파간다를 이야기할 때, 나치의 '선전성宣傳省'에 상당하는 핵심 선전조직이 없다는 사실이 책임 소재를 애매하게 만든다. 원전 프로파간다를 실시한 주체는 여러 관청에 걸쳐 있어서 횡적 의사소통도 완전치 않았다. 또한 각지의 전력회사의 광고도 따로따로 제작되어 '원전은 에너지 생산량의 3분의 1' 등의 기본적인 캐치프레이즈는 같았지만, 표현 방법은 그야말로 각양각색으로 전혀 통솔되지 않았다.

굳이 중심 조직을 들자면 역시 원전 추진을 내세운 정부(자민당)와 실제로 추진 계획을 세우고 국가 예산을 분배

한 관료조직인 경제산업성(구 통산성) · 자원에너지청 · 문부과학성(구 문부성)과 각 전력회사라 할 수 있는데 약 40년간 이 프로파간다에 참여한 사람은 수천 · 수만 명 규모에 이른다.

중심에만 이 정도의 조직과 사람이 관여했다면 직접 책임을 묻기는 매우 어렵고 자각도 없어진다. 자각이 없으면 몇 번이고 같은 실수를 반복한다. 세계대전 중, 추축국樞軸國(제2차 세계대전 당시 연합국과 싸웠던 나라들이 형성한 국제 동맹을 가리키는 말로, 독일, 이탈리아, 일본이 중심을 이룸-역자 주) 중에서 일본만이 전쟁 중에도 내각이 빈번히 바뀐 것과 비슷하게 '원전 추진'이라는 테제는 변하지 않아도 그것을 추진해온 사람들은 세월의 흐름에 따라 점점 바뀌었다. '몬주もんじゅ(일본의 고속증식로 중 하나. 사고가 빈번히 발생하여 현재 무기한 가동 중지 상태다-역자 주)'와 '롯카쇼무라六ヶ所村(아오모리 현에 위치. 원자력 시설과 국가석유비축기지 등의 에너지 관련 시설이 집중-편집자 주)'처럼 이미 파탄이 명백한 시설에 현재까지도 계속 혈세를 들이붓는 무책임과 무자각은 긴 세월에 걸쳐 길러진 것이라 할 수 있다.

더욱이 앞서 말한 프로파간다의 보급 뒤에는 그것을 추진하는 무수한 조직이 존재했다. 그것들은 대개 다음과 같이 분류된다.

A 정부(자민당) 및 행정기관(경제산업성 · 문부과학성)

B 전력회사(일본 전국 9개 회사) 및 그룹기업

C 원전 제조업체(히타치日立, 도시바東芝, 미쓰비시三菱), 건설회사, 기타 주변 기업

D 도쿄대학을 정점으로 하는 원자력 관련 연구기관

F 언론(신문사, 출판사, TV방송국, 라디오방송국)

F 덴쓰, 하쿠호도를 정점으로 하는 광고대행사

이 중 A~D는 원전의 인가 · 건설 · 운영상 밀접한 관계를 지니며 원전 가동에 직접 관여하는 집단이자 광고 발주처다. 그리고 E와 F는 그곳에서 광고비를 받아 프로파간다를 계획 · 전개하는 집단이다. 실제로 국민의 눈에 보이며, 의식을 조작하는 커뮤니케이션을 담당하는 것이 이 E와 F인데, 각각의 광고 표현 내용을 고안하고 각 언론에 대한 예산 분배(미디어플랜) 등의 근간을 결정한 것이 F, 즉 광고대행사다.

또한 수많은 국민의 눈과 귀에 남는 TV이나 라디오 CM

의 광고 시간 구매는 덴쓰·하쿠호도 등의 대형 광고대행사를 통하지 않으면 사실상 불가능하다. 특히 덴쓰는 도쿄전력이나 전사련의 주거래 광고대행사로서 절대적인 힘을 발휘했다. 노암 촘스키는 이러한 프로파간다를 유포하는 존재를 '프로파간디스트Propagandist'라고 정의했다.

또한 이들 집단뿐 아니라 전력회사에 거액의 융자를 해준 금융기관을 포함한 432개 회사가 '원자력산업협회原子力産業協会'에 등록되어 있다(2016년 1월 기준). 즉 이 단체의 명부가 바로 속된 말로 말하면 '원자력 무라'인 셈이다. 이것을 본 사람은, 일본을 대표하는 일류기업들이 반짝이는 별처럼 나란히 이름을 내걸고 있으며 원자력 무라란 곧 일본 사회 그 자체라는 깊은 절망감을 맛볼 수 있을 것이다(책 말미 '자료'에 목록 게재).

원전 프로파간다의 구성 요소

처음에 말한 대로 '프로파간다'란 '선전'을 가리킨다. 다만 소구하는 내용이 원자력발전이라면 단순한 광고로는 국민의 신뢰를 얻기 힘들다. 따라서 원전 프로파간다는 몇 가지 요소가 상호보완하도록 구성되었다. 특히 2000년대 이후, 대략 다음 세 요소가 밀접하게 얽히며 언론을 무력화하여 국민을 세뇌했다.

(A)온갖 언론을 사용한 광고 전개(대국민)
(B)전기사업연합회에 의한 언론 감시(대언론)
(C)거액 광고비를 배경으로 한 언론 봉쇄(대언론)

이 세 가지 축이 얽혀서 국민을 속이고 원전에 대한 언론의 검열 기능을 짓밟았다. 그야말로 원자력 무라는 완전히 언론을 통제했던 셈인데, 그 방만함이 후쿠시마 제1원전 사고라는 참극을 낳은 것이다. 지금부터 그것에 대해 설명하려 한다.

(A)온갖 언론을 사용한 광고 전개(대국민)

언론(매체)이라고 한마디로 표현하지만 그 폭은 매우 넓다. 그 가운데 원전 광고가 행해진 매체를 들자면 대략 다음과 같다.

· 신문(전국지 · 지방지 · 블록지)

· 잡지(전국에서 판매되는 주요 잡지 · 지방 홍보지 · 미니코미ミニコミ(mini와

  communication을 합쳐 만든 일본식 조어. 소수에게 정보를 전달하는 것. 또는 그 매체–

  역자 주)지)

· TV CF(지역 방송국의 작은 방송분을 포함)

· 라디오 CM

· 교통광고(전철 · 역에서의 포스터 게시 포함)

· 기타 포스터, 가정 대상 DM, 신문에 끼우는 전단

· 원자력 무라 관련 기업이 발행하는 홍보지

　　※이 외에도 교육 현장의 교과서, 부독본 등이 존

　　재하지만 엄밀히는 광고가 아니다.

· 인터넷 사이트, 배너 광고

　원전 광고가 시작된 시기를 특정하기는 어렵지만, 1968
년 후쿠이福井 현 쓰루가敦賀의 미하마 원전 건설 공사 당
시 후쿠이 지역 신문이 게재한 준공 기념 광고가 아마도
최초의 원전 광고일 것이다. 원전이란 대형 종합 건설회
사와 플랜트 기업이 관여하는 대규모 사업이므로 신축 건
물의 준공과 마찬가지로 여러 회사에 의해 연합 광고가

발주되는 것이 관례였다. 그나마 당초에는 5단 정도였지만, 점차 15단(한 페이지 전면 광고) 혹은 30단으로 팽창했다. 이것에 대한 상세한 내용은 나중에 소개하겠다.

또한 1990년대 이후, 도쿄전력·전사련·NUMO(원자력발전 환경정비기구)는 전국 주요 TV 방송국 및 지역 방송국의 저녁 뉴스 프로그램을 다수 협찬했다. 원전에서 사고가 생기면 가장 먼저 보도되는 루트가 뉴스 프로그램이므로 그것들의 스폰서가 되어 불리한 보도가 나가지 않도록 엄중히 감독한 것이다(자세한 것은 제4장에서).

이들 모든 언론에 대한 광고 발주를 가능케 한 것이 총괄원가방식으로 모은 윤택한 자금이었다. 앞서 말한 바와 같이 1990년 이후, 원전 광고 최대의 스폰서인 도쿄전력의 보급개발관계비(광고비)는 매년 200억 엔을 넘겼다. 참고로 이 연간 200억 엔이라는 금액은 2010년 일본의 광고주 베스트 10(표3)에 들어가는 수준이다.

그러나 여기에는 전기사업연합회(전사련)의 광고비는 계상되어 있지 않다. 전력회사에서 나온 출자금으로 운영되는 전사련은 임의단체이기에 예산 용도를 개시할 의무가 없다. 따라서 과거 지출한 광고비를 일절 공표하지 않았다. 다만 2000년 이후 매년 500억 엔 이상이었다고 추측할 뿐이다. 그렇다면 도쿄전력을 포함하여 연간 700억 엔 이상이라는 터무니없이 많은 액수가 원전 프로파간다에 쓰였다는 말이 된다.

표3_2010년도 광고선전비 상위 10개 회사
(닛케이 광고연구소 조사를 토대로 작성)

2010년도 순위	2009년도 순위	회사명	광고비 (억 엔)	2009년도 대비(%)
1	1	파나소닉	733.6	▲ 4.9
2	2	가오(花王)	512.5	▲ 6.4
3	3	도요타 자동차	499.4	▲ 1.6
4	6	NTT 도코모	338.5	▲ 4.4
5	10	샤프	332.4	16.9
6	7	아사히그룹HD	307.2	▲ 7.4
7	14	도쿄가스	293.9	20.0
8	5	KDDI	270.3	▲23.7
9	9	미쓰비시자동차공업	270.0	▲ 6.0
10	15	도쿄전력	269.0	10.5

전사련은 각 전력회사로부터 나온 찬조금으로 활동하므로 전력회사가 광고를 낸 것과 다름없다. 그러한 단체가 예산 규모를 공개하지 않고 국민에게서 빨아들인 전기요금을 물 쓰듯 쓰고, 국내 광고시장에서 '알려지지 않은

거대 스폰서'로서 군림하며 국민을 세뇌해왔다. 이 사실은 국민에게 더욱 널리 알려져야 한다.

(B)전기사업연합회에 의한 언론 감시(대언론)

　그 '광고스폰서'로서 겉으로 드러난 얼굴과는 별도로 전사련에는 드러나지 않은 얼굴이 있었다. 그것은 원전에 관해 부정적인 기사를 쓰거나 방영한 언론에 대해 집요하게 항의하며 정정을 요구하는 '압력 집단'으로서의 얼굴이다.

　그 예는 셀 수 없이 많으나 가령 전사련이 홈페이지상에서 공표해온 '관련 보도에 관한 당회의 견해'의 2004년 3월부터 5월에 걸쳐서는, 아래와 같이 열거되어 있다.

- 3월 22일　아사히신문 사설 '사이클에 발을 들이지 마'에 대하여
- 3월 25일　닛칸코교日刊工業신문 '가정에서의 에너지 절약 대책 제시　전사련이 "가스" 도발'에 대하여
- 3월 31일　지지통신時事通信 '원전 충당금을 일괄 관리로'에 대하여
- 4월 19일　교도통신共同通信 '원전의 운전 장기화 요구

로 검사간격 5개월 정도 연장'에 대하여

· 5월 11일   닛케이日経신문 1면 톱 '증식로 실용화를 단념'에 대하여

· 5월 13일   지지통신 '우라늄 실험을 당면 동결'에 대하여

· 5월 24일   아사히신문 '우라늄 재처리 절약량 극소량'에 대하여

· 5월 27일   교도통신 '일본의 원자력 정책에 변경의 가능성'에 대하여

　이들 모두 해당 기사의 내용을 오류라고 주장한다. 개중에는 전문용어를 끝없이 나열하며 게재한 언론사에 대해 정정을 요구하는 것도 많았다.

　이처럼 원전에 관한 거의 모든 기사를 감시하고 그 의향에 반하는 기사에 대해서는 정정을 요구하는 행위를 반복하면 기사를 쓰는 기자들에게 강한 압력을 줄 수 있다. 기사를 쓸 때마다 전사련에게 항의가 오면 '귀찮은데 이제 원전을 비판하는 기사는 그만 써야겠다'라는 마음이 들 것이다. 그들의 목적은 바로 그것이었다.

즉 이들 기록은 모두 전사련 홈페이지에 게재되어 있었으나 원전 사고 후인 2011년 4월 11일에 전부 삭제되었다. 그것은 원전 프로파간다에 가담한 증거 인멸 중 하나였던 것이리라.

(C)거액 광고비를 배경으로 한 언론 봉쇄(대언론)

이것은 '광고야말로 원전 프로파간다의 힘의 원천'에서 자세히 설명한 대로다. 언론에 지급하는 광고비가 많아질수록 언론사 측은 그 자금을 잃고 싶지 않으므로 비판적 정보를 내보내는 것을 자제하는 경향이 강해진다. 광고대행사에게 그 습성을 충분히 배운 원자력 무라는 그것을 마음껏 이용했다. 이는 특별히 일본 고유의 현상이 아니라, 언론 조종의 선진국인 미국도 마찬가지다. 촘스키는 '프로파간다 모델'의 구성 요소를 다음과 같이 규정한다.

(1)대중매체의 규모, 소유권의 집중, 소유주의 부, 이익 지향성
(2)매스미디어의 주요 수입원
(3)정부와 기업, 권력의 원천으로부터 정보를 얻는 '전문가'

에 대한 미디어의 의존

(4)미디어를 통제하기 위한 '집중 포화'(비판)

(5)국가종교로 변하여 통제 수단이 되는 '반ﾉﾟ공산주의'

 이 중에서 적어도 (1)에서 (3)까지는 원자력 무라와 주요 미디어의 관계에 들어맞는다고 본다. 즉 거액의 홍보수입원으로서 존재하는 원전, 그리고 그 권위를 보장하는 원자력 무라 전문가들의 존재다.

 특히 (1)과 (2)는 이른바 '자본의 논리'이며, 가령 보도 부문에 기개 있는 기자가 있다 하더라도 광고 예산과 그 기업의 수지를 담당하는 경리 부문에 압력을 넣어 결과적으로 보도를 자제하도록 만들었다. 만약 그렇게 하지 않았을 경우에는 해당 부서나 담당자를 경질할 때까지 항의하거나, 실제로 광고 발주를 취소한 예(1992년, 히로시마TV=나중에 설명하겠다)도 있다. 이것들은 (B)의 전사련의 언론 감시와 맞물려서 일단 원전 비판은 귀찮으니 그만두자는 기피 현상을 만들어냈다.

 이상과 같이 원전 프로파간다는 국민에 대해서는 원전 정책 지지자를 늘리기 위한 '기만'이며, 언론에 대해서는 진실을 보도하지 않게 하려는 '협박'이라는 극단적인 양면성을 지녔다. 그리고 바로 이 시스템이 언론에 의한 비판과 검증을 틀어막아 후쿠시마 제1 원전 사고라는 참극의 요인이 되었다. 이상의 기본적 요건을 염두에 두고, 다음 장부터 연대별로 구체적 사례를 살펴보자.

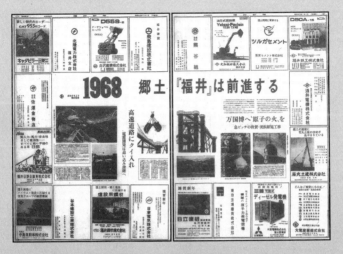

1968년 1월 1일 후쿠이신문 연합 광고 30단

제1장
원전 프로파간다의 여명기
(1968~1979)

최초의 원전 광고, 후쿠이신문(1968년)

일본에서의 본격적인 원자력발전의 시작은 1970년의 쓰루가 원전(일본원자력발전日本原子力発電), 미하마 원전(간사이전력), 1971년의 후쿠시마 제1 원전(도쿄전력)의 영업 개시라 할 수 있다. 특히 미하마 원전은 오사카 만국박람회장에 전력을 공급했다고 선전되어 만국박람회와 함께 미래에 대한 희망이 넘치는 이미지가 만들어졌다. 일찍이 1968년에는 30단의 연합광고가 후쿠이신문에 게재되었는데 그것이 사실상 원전 광고의 시작이라 할 수 있다.

이 무렵의 광고 매체는 TV 방송은 아직 여명기에 불과했고 신문의 영향력이 압도적으로 컸다. 특히 지방에는 '현지県紙'라 불리는 지역과 밀착된 신문이 한두 개 있었는데 세대 보급률이 50%를 넘는 경우도 드물지 않았다. 지역 신문에 광고를 내는 것은 일류기업이라는 증명이자 일종의 지위이기도 했다. 그런 시대에 원전 광고가 시작된 것이다.

후쿠이 현의 쓰루가·미하마 두 원전이 건설된 당초부터 후쿠이신문에 5단 정도의 광고는 나왔지만 원전이 완

표1_1968~1979년 지역 신문의 전력회사 광고 게재 단수표

연도 신문(원전명)	'68	'69	'70	'71	'72	'73	'74	'75	'76	'77	'78	'79	총합계
훗카이도 (도마리)													
가호쿠 (오나가와)												63	63
도오(히가시도리, 롯카쇼무라)													
후쿠시마민보 (후쿠시마제1·제2)		19	60		57	16		72	143	108	66	295	836
후쿠시마민우 (후쿠시마제1·제2)	3		49	59		61	109	49	172		124	227	853
이바라키 (도카이)													
니가타 (가시와자키카리와)													
후쿠이(쓰루가, 미하마·오이 등)	30		57		28		154	106	93			204	672
홋코쿠 (시가)													
시즈오카 (하마오카)									135		157		292
에히메 (이카타)									62	137			199
산인추오 (시마네)							55						55
사가 (겐카이)							14	42					56
미나미닛폰 (센다이)										35	42		77
연 도 합 계	33	19	166	59	85	77	332	269	605	280	389	789	3,103

*1979년에는 미국 스리마일 섬 원자력발전소에서 사고 발생

공되어 가동할 시기가 되자 이른바 준공 기념으로서 15단 광고가 게재되었다. 이것은 훗날, 30단(펼쳐서 양면 2페이지), 60단(4페이지) 광고로 비대해진다. 표1은 1960년대부터 1970년대에 걸친 원전 입지 현의 지역 신문사에 게재된 원전 광고의 단수를 표로 나타낸 것이다. 시간이 지날수록 단수가 증가하는 것을 확실히 알 수 있을 것이다.

이 표는 졸저 『원전 광고와 지방지原発広告と地方紙』에 게재한 것이다. 원전 입지 현의 현 신문 시년에, 원전 가동년과 전년에 광고가 얼마나 게재되었는지를 조사한 것으로, 국제 환경 NGO 그린피스 자원봉사자의 협력으로 일본 국립국회도서관에 소장된 마이크로필름을 정밀 조사한 결과다.

준공 기념 광고는 공사에 관계한 원청회사 모두가 자금을 출연하여 게재한다. 신문사 혹은 광고대행사가 원청 대표회사에 게재료를 제시하면 그 다음에는 대표회사가 모든 원청회사에서 자금을 모아주므로 돈을 못 받을 염려도 없고 효율도 매우 높다. 또한, 15단이나 30단이 되면 보기에도 그럴 듯하고 좋으므로 신문사로서도 대환영인 것이다.

나아가 준공 기념 광고는 몇 개월 전부터 게재 날짜를 결정할 수 있으므로 지면을 구성하기 쉽다. 그 날에 맞춰서 사전에 특집기사를 기획하고 광고 게재일 전후로 전개할 수 있으므로 취재 현장도 편한 것이다. 이러한 시스템은 원전뿐 아니라 모든 준공 광고가 그렇다 할 수 있다.

지역 신문을 펼치면 알 수 있지만, 지방에서 15단 광고를 게재할 수 있는 기업은 현재도 쇼핑몰이나 자동차 판매회사, 파친코パチンコ(일본의 대표적인 대중 도박 게임-역자 주) 회사 등 그 수가 제한적인데, 40년 전에는 거의 없었다. 그중에서 전력회사는 지방 경제의 유력자이므로 그 광고를 게재할 수 있다는 것은 신문사에 있어서도 압도적인 지위였다. 이러한 배경이 있었기에 원전 광고는 신문사의 귀중한 수입원이었다.

그 후, 원전의 준공 광고에는 원전의 건설에 관여한 기업뿐 아니라 전사련 등의 관련 단체나 경제산업성, 문부과학성 등의 정부 홍보도 포함하여 게재할 수 있게 되었다. 즉 신문사에게 금성탕지金城湯池(쇠로 만든 성과, 그 둘레에 파 놓은 뜨거운 물로 가득 찬 못이라는 뜻으로, 방어 시설이 잘되어 있는 성을 이르는 말-역자 주) 와도 같은 경영의 기둥이 되어 그만둘 수 없는 일이 되어

간 것이다. 또한 현재는 기사풍 광고의 경우 독자가 기사와 혼동하지 않도록 난외에 '광고'라고 명시하지만, 이 시대에는 아직 그러한 구별이 없어서 기사인지 광고인지 확실히 구별하기 어려운 형태의 광고도 꽤 실었다.

후쿠시마에서도 원전 광고 게재 개시

후쿠이와 거의 동시에 후쿠시마에서도 도쿄전력 후쿠시마 제1 원전의 가동 개시(1971년)와 함께 원전 광고 게재가 개시되었다. 당시부터 후쿠시마에서는 후쿠시마민보福島民報와 후쿠시마민우福島民友 등 두 신문이 현지県紙의 자리를 두고 싸우고 있다. 현재도 두 신문의 세대보급률을 합치면 약 60% 가까이가 되므로 40년 전에는 더욱 높았을 것이다. 즉 현민 대부분이 둘 중 어느 한 신문은 반드시 본다는 말이다.

태평양 전쟁 전, 신문 통제에 의해 거의 모든 현에서 현지는 하나로 압축되었고 전후에도 변함없는 것으로 추이되었지만 후쿠시마 현에서는 전후 두 신문이 발행을 재개하여 오늘에 이른다. 다만 원전에 대해서만큼은 두 신문 모두 어용기사와 대량의 광고를 지속적으로 게재했다. 그렇게까지 극단적으로 원전 추진에 협조적인 지면은 수많은 원전 입지 현의 지역 신문 중에서도 유일하며, 3·11 이전에는 후쿠이 현과 같은 심각한 사고가 일어난 적은 없

그림1_1975년 11월에 연재된 후쿠시마민우
'원전을 다시 보다(原発を見直す)'

었다고는 하지만, 그래도 이상하게 느껴질 정도다.

이 두 지방지의 논조는 기본적으로 차이가 없는데 주로

· 원전은 안전하고 중대 사고는 절대 일어나지 않는다.
· 원전 입지에 따른 전원삼법교부금으로 지역은 번영할
  수 있다.

를 두 축으로 하는 사설과 기사가 반복적으로 세재되었
다. 가령 후쿠시마민우가 1975년 11월에 게재한 연속기
획 '원전을 다시 보다'(그림1)의 캐치프레이즈를 소개하면,

· 방사선을 다중방호 급이 다른 대책, 규제
· 폭주해도 걱정 없다 원자로의 안전 실험을 추진한다
· 온배수의 이용 어업 진흥에 도움이 된다
    바다 생활 환경에도 해가 없다
· 안전 설계 원자로 집중화해도 문제 없다

등인데, 어떻게 그렇게까지 안전하다고 단언할 수 있었을까 싶을 정도로 실로 불가해한 특집을 꾸렸다.

또한 후쿠시마민보도 마찬가지로 1978년 2월의 연재 특집 '에너지와 신전원개발'에서

· 석유는 확실히 고갈 '유단油斷!(사카이야 다이치의 소설, 석유가 끊어진 세계에서 점점 붕괴되어가는 일본을 묘사-편집자 주)'은 공상이 아니다

· 인구 과소에서 단숨에 유복한 마을   호화로운 설비가 죽 늘어선다

· 헤아릴 수 없는 은혜   취업의 장을 제공

등으로, 석유 위기에 대한 경종과 함께 원전의 경제적 은혜를 강조하는 기사를 게재했다. 두 신문사 모두 이러한 특집기사를 1년에 3~4회씩 게재하며 원전에 회의적인 기사는 거의 싣지 않았으므로 현민 대다수가 원전의 위험성을 미처 알지 못한 것도 무리는 아니었다. 심지어 3·11 직전까지 그 경향에 거의 변화가 없었으므로 후쿠시마 현은 일본에서 가장 '안전신화 프로파간다를 믿었던 지역'이었다 할 수 있을 것이다.

그림2_1970년 7월 5일 후쿠시마민우 1면 기사

　　다만 후쿠시마 현에서의 원전 광고가 많은 것은 원전을
관리가동시키고 있는 도쿄전력, 후쿠시마 현 내의 전력을
공급하는 도호쿠東北전력이라는 두 스폰서가 있었다는 사
실도 컸다. 즉 후쿠시마 현 내에서는 두 개의 전력회사가
공동으로 원전 광고를 낸 것이다.

　　참고로 1970년의 후쿠시마민우의 1면 톱 기사에서 '우
리 현에도 오늘 "원자의 불原子の火"'(그림2)이라며 임계 시험
하는 모습을 전하고 있는데 이때 표기는 입지 지역 이름

인 '오쿠마大熊 원전'이었다. 그것이 이듬해 3월 준공 광고
에서는 '후쿠시마 제1 원전'이 되었고 이후에는 이 호칭으
로 통일되었다.

일본 국내 원전 중 입지한 현의 이름으로 불리는 것은
시마네島根 원전뿐인데, 아마도 당시 후쿠시마 현 전체의
번영을 바라며 일부러 지명보다는 현명을 붙인 것이겠지
만 그것이 약 40년 후의 사고로 후쿠시마 현 전체의 이미
지 실추로 이어지리란 것은 당시 누구도 예측하지 못했으
리라. 만약 당초 이름인 '오쿠마 원전'이었다면 전 세계에
서 '후쿠시마'가 연호되며 원전 사고의 대명사가 되는 일
도 없이, 꽤 인상이 달라지지 않았을까.

1974년, 아사히신문에 광고 개시

현재는 매우 상상하기 힘들지만 예전에는 신문이나 TV
에 광고를 게재하는 데 다양한 규제가 있었다. 대부업이
나 도박(파친코, 경마, 경륜, 경정) 등의 광고가 전면적으로 해금된
것이 1990년대에 들어서부터이며 그 외에도 세세한 규제
가 있었다.

하지만 그 무렵 거칠게 불어닥친 석유파동의 영향으로 광고가 급감하여 모든 신문사가 신규 개척에 혈안이 되어 있었다. 그중 아사히신문은 전국지에서 가장 빠르게, 원전의 의견 광고 게재를 결단한다. 그것을 본 요미우리신문이 '원래 원전은 우리의 전 사주인 쇼리키 마쓰타로正力松太郎가 일본에 도입한 것인데 그 광고를 우리 신문에 싣지

그림3_1974년 12월 25일 아사히신문 10단 광고

않는다면 면목이 서지 않는다'며 자사에서도 광고 게재를 요구했고 나아가 마이니치毎日신문도 게재를 단행했다.

1974년 8월 6일 아사히신문에 게재된 10단 광고의 광고주는 원자력문화진흥재단(현재 일본원자력문화재단)으로 '70년대 신에너지 세기의 시작'(그림3)이라는 제목으로 그 후 매월 한 번씩 게재, 총 14회의 시리즈가 되었다.

그 제목을 나열해보면,

1974년

8월 6일　게재 '방사능은 환경에 어떤 영향을 미치는가'

8월 30일　'원자력발전소에서 환경에 어느 정도의 방사능이 나올까'

9월 25일　'원자력발전소에서 바다로 내보내는 방사능은 어떤 영향을 끼칠까'

10월 26일 '10월 26일은 원자력의 날입니다'

11월 26일 '원자력발전소의 안전 설계는 어디까지 신뢰할 수 있을까'

12월 25일 '원자로가 만약 사고를 일으킨다면 발전소와 그 주변은 어떻게 될까'

1975년

1월 23일 '발전소의 온배수란 … 미래를 어떻게 생각해
야 할까'

2월 23일 '방사선은 우리의 건강과 어떤 관계가 있을까'

3월 24일 '원자력발전은 왜 필요할까'

4월 27일 '원자력발전소에서 일어나는 고장은 안전상 걱
정이 없을까'

5월 27일 '원자로에서 사용되는 핵연료란 어떤 것일까'

6월 30일 '방사선의 안전 기준은 어떻게 정해져 있을까'

7월 26일 '원자력발전의 안전 문제는 어떻게 생각해야
하는가'

8월 27일 '원자로가 폭발하지 않는 것은 왜인가'

등인데, 그야말로 원전의 기초 지식을 설명하는 내용이다.

이 무렵 집필진은 대부분이 대학 교수들로, 원전의 구
조나 안전성을 학문적 견지에서 이야기하고 있다. 그러나
원전 사고의 가능성은 백만 년에 한 번이라든가, 방사성
폐기물 문제는 금세 해결될 전망이라든가 하는, 지금 읽
으면 고개를 갸웃거릴 수밖에 없는 내용이 많다.

이 시리즈에서도 말하듯, 사용 후 핵연료를 포함한 방사성 폐기물의 최종 처리를 어떻게 할 것인가 하는 문제는 원전 설립이 시작된 무렵부터 지적된 중요 안건이었다. 그러나 정부도 전력회사도 '언젠가 어떻게든 되겠지', '누군가 어떻게 하겠지'라는 안이한 인식을 가진 채 핵 폐기물 처리장을 만들지 않고 '화장실 없는 아파트' 상태로 40년 이상의 세월이 흐르고 말았다. 그 결과 각지의 원전 부지 내에 폐기물이 가득 차서 빠르면 2020년대에 임시 저장 시설은 꽉 찬다고 한다. 그런데도 최종 처리장은 후보지조차 전혀 정해져 있지 않다.

이 아사히신문의 10단 광고 시리즈는 단순히 본격적인 첫 원전 광고라는 것보다 훨씬 더 큰 의미를 지닌다. 왜냐하면 지금껏 상황을 관망하던 요미우리신문이나 마이니치신문이 5단이나 7단 광고를 속속 게재했을 뿐 아니라 지방지에서의 광고 게재 속도가 빨라졌기 때문이다. 즉 '광고 심사가 엄격한 아사히가 괜찮다면 우리도'라는 분위기가 신문 업계에서 형성된 것이다. 그런 의미에서도 아사히신문의 책임은 매우 크다 할 수 있다.

덴쓰의 압력으로 방송국을 퇴사하게 된
다하라 소이치로 씨(1976년)

이처럼 1970년대는 주로 후쿠이와 후쿠시마에서 원전이 가동하면서 광고를 내기 시작했는데 그 무렵부터 이미 언론에 대한 압력도 시작되었다.

1976년 당시 기개 있는 논픽션 작가로서 유명세를 떨쳤던 다하라 수이치로田原総一朗 씨가『원지력전쟁原子力戦争』을 간행했다. 이 책에서 원전 설치를 둘러싼 전력회사와 광고대행사의 유착을 그려 화제를 모았다.

이 책에 관해서는『방송연구와 조사放送研究と調査』(NHK방송문화연구소)에 다하라 씨가 직접 당시를 회고하는 귀중한 인터뷰가 실렸다.

　—다하라 씨의『원자력전쟁』은「덴보展望」1976년 1월호부터 연재가 시작되는데요. 곧바로 클레임이 들어왔었죠?

　다하라 : 여기에서는 이름을 밝히지 않는 게 좋겠지만, 대형 광고대행사가 도쿄전력과 짜고 원전에 반대하는 주

민 운동에 대한 대책을 마련하고 있었어요. 어떻게 하면 주민들을 반대파에서 추진파로 돌릴 수 있는지에 대해서요. 그 내용을 썼더니 해당 광고대행사가 TV도쿄에 연락해서 '이런 연재를 계속하면 스폰서를 거두겠다'고 압력을 넣더라고요.

지금은 방송국이 비교적 힘이 있으니까 그런 일은 없지만 당시 TV도쿄는 힘없는 방송국이었기에 광고대행사를 통해 스폰서를 받고 있었습니다. 그것을 거두겠다고 말한 것이죠. 그래서 저에게 TV도쿄 윗선이 '연재를 그만둘지 회사를 그만둘지'를 선택하라고 종용하더군요.

저는 '연재하고 무슨 상관이 있죠' 하고 말했지만 국장과 부장이 처분되었습니다. 관리 미흡인가 뭔가 하는 이유로요. 그 처분 통지서를 복도에 써붙여 놨더라고요. '이렇게까지 하다니'라고 생각하고 있는데 다른 국장에게 전화가 와서 "너, 그만둬야 하는 거 아니야? 상사에게 이렇게 민폐를 끼쳐놓고서…"라는 말을 하더라고요. 이것도 회사의 의지라는 생각이 들어 연재를 그만두지 않고 회사를 그만두었습니다.

(『방송연구와 조사』 2008년 10월호)

스폰서의 압력으로 연재 중지와 퇴사 중 하나를 선택하라는 압박을 받은 일은 지금이라면 큰 논란거리가 될 것이다. 다하라 씨가 굳이 이름을 밝히지는 않았지만 당시 도쿄전력과 얽혀 있던 '대형 광고대행사'는 두말할 필요도 없이 덴쓰였다. 연재 중지를 요구하는 것으로 보아 덴쓰 측도 상당한 위기감을 느꼈다는 것이리라.

감히 덴쓰에 맞서다니, 하는 횡포에 언론이 납작 엎드리는 모습은 당시의 TV도쿄와 덴쓰의 힘의 관계를 여실히 보여준다. 저서에서 '간토TV'라고 쓰여 있는 TV도쿄는 주요 방송국 중 가장 마지막 주자였다. 따라서 당시에는 경영 기반이 약할 수밖에 없었고 스폰서 찾기는 전면적으로 덴쓰에 의존했을 것이다. 주목해야 할 것은 『원자력전쟁』이 쓰인 1970년대 전반에 이미 덴쓰의 힘이 압도적이었다는 사실이다.

당시 방송 업계의 스폰서 창구는 거의 완전히 덴쓰의 독점 상태였다. 일본 민영방송국이 개국할 때마다 지원해 온 회사가 바로 덴쓰였다. 그리고 TV를 '전기 종이인형극電気紙芝居'이라고 야유하던 시절, 스폰서를 모으는 데 고생하던 때 함께 땀을 흘린 것도 덴쓰였다. 그런 기억은 현재에도 각 방송국 간부들의 기억에 강하게 남아 있는데, 감히 덴쓰 쪽으로는 다리를 뻗고 잘 수 없다며 그 은혜를 추억하는 사람이 있을 정도다. 하쿠호도가 TV 매체에 힘을 기울여 덴쓰의 아성을 침식한 시기는 1980년 후반에 들어서부터다.

그러한 시대적 배경을 알면 다하라 씨의 발언이 무엇을 뜻하는지 잘 이해할 수 있다. 당시 덴쓰는 스폰서 창구를 홀로 담당했다. 그런 덴쓰가 '스폰서를 거두겠다'는 것은 여러 스폰서를 단숨에 잃어버릴 수도 있다는 말이었다. 상층부가 부들부들 떠는 것도 당연하다. 덴쓰는 그런 은밀한 힘을 이용해 지역 신문이나 지역 방송국에 다양한 압력을 가한 것이다.

연이어 가동하는 원전

1970년대 초반에 후쿠이와 후쿠시마에서 가동한 원자력발전소는 그 후 각지에서 우후죽순처럼 생겨났다. 이미 후쿠이신문과 후쿠시마민보 등의 사례를 본 각지 지역 신문도 원전 광고를 게재하기 시작한다. 단 그 양은 전력회사의 규모에 따라 큰 차이를 보였다. 후쿠이의 간사이전력, 후쿠시마의 도쿄전력이라는 일본 전력회사 2위와 1위를 달리는 회사는, 다른 전력회사보다 훨씬 많은 광고 예산을 보유했기 때문이다. 또한 도쿄전력은 원자력 무라의 맹주로서 원전 홍보를 이끌 사명도 있었다. 그것에 비하면 다른 전력회사의 광고 예산은 자릿수가 다를 만큼 적었다.

1970년대에 가동한 후쿠이와 후쿠시마의 원진은 다음과 같다. 그 집중도가 무시무시하다.

후쿠이 현
- 1970년 3월 쓰루가 원자력발전소 1호기 (일본원자력발전)
- 1970년 11월 미하마 원자력발전소 1호기   (간사이전력)
- 1972년 7월 미하마 원자력발전소 2호기   (간사이전력)
- 1974년 11월 다카하마 원자력발전소 1호기 (간사이전력)
- 1975년 11월 다카하마 원자력발전소 2호기 (간사이전력)
- 1976년 12월 미하마 원자력발전소 3호기   (간사이전력)
- 1979년 3월 오이大飯 원자력발전소1호기   (간사이전력)
- 1979년 12월 오이 원자력발전소 2호기   (간사이전력)

후쿠시마 현

- 1971년 3월 후쿠시마 제1 원자력발전소 1호기 (도쿄전력)
- 1974년 7월 후쿠시마 제1 원자력발전소 2호기 (도쿄전력)
- 1976년 3월 후쿠시마 제1 원자력발전소 3호기 (도쿄전력)
- 1978년 4월 후쿠시마 제1 원자력발전소 5호기 (도쿄전력)
- 1978년 10월 후쿠시마 제1 원자력발전소 4호기 (도쿄전력)
- 1979년 10월 후쿠시마 제1 원자력발전소 6호기 (도쿄전력)

1970년부터 1979년까지 불과 9년 동안 후쿠이에서 8기, 후쿠시마에서 6기의 원전이 가동했다. 이 두 현을 빼고 각지에서 가동한 원전은 이하 다섯 기에 불과하다.

- 1974년 3월 시마네 원자력발전소 1호기 (주고쿠中国전력)
- 1975년 10월 겐카이玄海 원자력발전소 1호기 (규슈九州전력)
- 1976년 3월 하마오카浜岡 원자력발전소 1호기 (주부中部전력)
- 1977년 9월 이카타伊方 원자력발전소 1호기 (주고쿠전력)
- 1978년 11월 하마오카 원자력발전소 2호기 (주부전력)

따라서 앞서 소개한 두 현에 원전이 얼마나 집중적으로

세워졌는지 새삼 실감할 수 있다. 이러한 상황에서 후쿠이와 후쿠시마에 집중적으로 원전 광고를 투하한 것이다.

최초의 경고, 스리마일 섬 사고와 신문 광고(1979년)

1979년 3월 28일에 미국 스리마일 섬 원전에서 발생한 사고는, 원전 추진에 매진하던 일본의 원전 정책에 찬물을 끼얹었다. 이에 전국지나 TV는 심각한 사고 상황을 보도했지만, 후쿠이나 후쿠시마의 지역 신문에서 스리마일 섬 사고를 다루는 기사는 매우 적었다. 오히려 사고를 덮을 기세로 광고를 더 많이 내보냈다. 그것은 앞서 소개한 광고 게재 단수표(57쪽)에서 1979년 단수가 갑자기 200단 이상으로 돌출한 것을 보면 분명히 알 수 있다.

후쿠이에서는 스리마일 섬에서 사고가 일어난 1979년 3월에 오이 원전 1호기가 가동했고, 같은 해 12월에 2호기가 가동을 시작했다. 따라서 이 해 후쿠이신문에는 역대 최고인 204단의 원전 광고가 게재되었다. 이 무렵 후쿠이신문은 원전 광고의 게재 수는 많았지만 사설이나 기사에서는 원전의 안전성에 대해 비판적인 의견을 게재하는 경우도 있었는데, 이 사고를 둘러싼 기사에서도 '원전의 안전성이 흔들리고 있다'는 표현이 등장했다. 즉 신문사 안에서는 기사를 쓰는 편집국과 광고를 끌어모으는 영업국이 완전히 분리되어, 어느 정도 원전에 비판적인 기사를 게재할 자유가 보장되어 있었다고 볼 수 있다.

그러나 후쿠시마민보는 사고 후 한 달 가까이 지난 4월 21일에 '원전, 양심과 지혜를 믿자'는 제목의 사설에서 스리마일 섬 사고는 경미하며 인위적인 실수가 컸기에 원전 기술 그 자체가 부정당한 것은 아니라고 주장하며, 기술자와 과학자를 신뢰하여 원전을 추진하자는 가식적인 주장을 펼쳤다. 후쿠시마민보와 후쿠시마민우의 원전 추진에 대한 자세가 매우 적극적이라는 사실은 이미 말한 바 있다. 두 신문사 모두 사고의 심각성에 대해서 쓴 기사는 찾아볼 수 없었고, 오히려 원전 광고는 후쿠시마민보 295단, 후쿠시마민우 227단으로 사상 최고를 기록했다.

또한 후쿠시마에서 가동한 원전은 후쿠시마 제1 원전 6호기뿐이었지만, 후쿠시마민보·후쿠시마민우는 각각 12월 5일에 '도쿄전력 후쿠시마 제1 원자력발전소 완성 특집'(그림4)이라는 제목의 120단(8페이지)의 특집 광고(기사 포함)를

그림4_1979년 12월 5일 후쿠시마민우
'도쿄전력 후쿠시마 제1 원자력발전소 완성 특집'에서 발췌

냈다. 이것은 사상 최대의 특집 광고로, 연간 원전 광고 출고량의 절반 가까이를 이 한 번으로 벌어들인 셈이다. 그 내용은 아래와 같이 두 신문 광고 모두 그야말로 원전 신앙이라 부를 수 있는 것이었다.

· 원전은 이미 전력량의 10%를 담당하는 중요한 전력의 원천이다.
· 안전 확보에는 만전을 기하고 있다.
· 전원삼법교부금으로 지역은 매우 풍요로워졌다.
· 앞으로도 원전이 있는 한 이 풍요로움은 지속된다.

이렇게까지 큰 특집은 두 신문사 모두 유례가 없었으며, 광고의 증가 요인이 스리마일 섬 원전 사고의 불안을 불식하는 데 있었다는 점은 분명하다.

참고로 후쿠시마 제1 원전 6기 중 4기는 오쿠마마치大熊町('마치'는 한국의 읍에 해당-편집자 주)에, 2기는 후타바마치双葉町에 있다. 따라서 당초의 교부금 지급이 끝나자, 1990년대부터 후타바마치는 심각한 재정난에 빠졌다. 그 타개책으로서 가장 기대를 모은 것이 7호기 · 8호기의 증설(3·11 사고 후

중지)이었다. 전원삼법교부금은 일시적으로 재정을 풍요롭게 하지만, 교부금이 끊기면 마치 약물 의존처럼 그것 없이는 존재할 수 없는, 그야말로 보조금에만 의지하는 체질로 변해버리는 것이다.

原子力発電は
日本のためにも
世界のためにも
必要なものです。
だからこそ
安全の確保のために
念には念を入れて
こんな努力を
重ねています。

通商産業省/資源エネルギー庁

1988년 5월 30일 요미우리신문 15단 통상산업성/자원에너지청

제2장
원전 프로파간다의 발전기
(1980~1989)

비약적으로 증가하는 광고

1980년대에 들어서자 전국 각지에서 원전 건설과 가동이 개시되었다. 따라서 각지의 지방 신문에 광고 게재도 비약적으로 증가하기 시작했다(표1).

1980년대에 가동한 원전은 아래와 같다.

1981년 3월 겐가이 원자력빌전소 2호기 (규슈전력)

1982년 3월 이카타 원자력발전소 2호기 (시코쿠전력)

1982년 4월 후쿠시마 제2 원자력발전소 1호기 (도쿄전력)

1984년 2월 후쿠시마 제2 원자력발전소 2호기 (도쿄전력)

1984년 6월 오나가와女川 원자력발전소 1호기 (도호쿠전력)

1984년 7월 센다이 원자력발전소 1호기 (규슈전력)

1985년 1월 다카하마 원자력발전소 3호기 (간사이전력)

1985년 6월 다카하마 원자력발전소 4호기 (간사이전력)

1985년 6월 후쿠시마 제2 원자력발전소 3호기 (도쿄전력)

1985년 9월 가시와자키카리와柏崎刈羽 원자력발전소 1호기

(도쿄전력)

1985년 11월 센다이 원자력발전소 2호기 (규슈전력)

표1_1980~1989년 지역 신문의 전력회사 광고 게재 단수표

연도 신문(원전명)	'80	'81	'82	'83	'84	'85	'86	'87	'88	'89	총합계
훗카이도 (도마리)						43	60	56	152	106	417
가호쿠 (오나가와)				123							123
도오(히가시도리, 롯카쇼무라)							777				777
후쿠시마민보 (후쿠시마제1·제2)	248	186		155			127	185			901
후쿠시마민우 (후쿠시마제1·제2)	186	224	268				282	192			1,152
이바라키 (도카이)											
니가타 (가시와자키카리와)						510				150	660
후쿠이(쓰루가 미하마·오이 등)	37	95			134	169	156	174			765
훗코쿠 (시가)											
시즈오카 (하마오카)								163			163
에히메 (이카타)		37	15				104				156
산인추오 (시마네)										79	79
사가 (겐카이)											
미나미닛폰 (센다이)					95	127					222
연도합계	471	542	283	155	352	849	1,506	770	152	335	5,415

*1986년에 구 소련 체르노빌 원전에서 원자로 폭발사고 발생

1987년 2월 쓰루가 원자력발전소 2호기　　(일본원자력발전)

1987년 8월 하마오카 원자력발전소 3호기　(주부전력)

1987년 8월 후쿠시마 제2 원자력발전소 4호기(도쿄전력)

1988년 8월 롯카쇼무라 핵연료 사이클 농축 · 매설사업소

　　(일본원연日本原燃, 핵연료 재처리 회사-역자 주)

1989년 2월 시마네 원자력발전소 2호기　　(주고쿠전력)

1989년 6월 도마리泊 원자력발전소 1호기　　(홋카이도전력)

　1970년대의 광고는 대학교수 등 전문가의 해설이나 설명조의 문구가 많았다. 그랬던 것이 1980년대에 들어서면서 광고 기술이 발전하여 표현의 레퍼토리가 확대됨에 따라 일러스트나 그림도 많이 쓰이게 되었다(그림1). 또한 원전 건설 현장이나 그곳에서 일하는 사람들의 사진을 이용하여 거대 기술의 신뢰성이나 수많은 사람들이 떠받치는 현장을 소개함으로써 독자에게 친근감을 주는 수법도 등장했다. 1980년대에는 도쿄전력이나 주부전력이 발 빠르게 TV CF를 개시했다. 또한 1986년에는 일찍이, 훗날 기본 패턴이 되는 연예인이나 유명 인사와 전력회사 간부의 대담 시리즈 광고가 등장했다. 이렇게 원전 프로파간다의

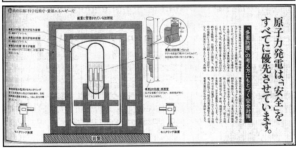

그림1_ 상단 1985년 7월 14일 아사히신문 7단 도쿄전력
        (광고문구—이 수박도 3분의 1은 원자력으로 차갑게 한
        거야)

    하단 1982년 3월 24일 요미우리신문 5단 정부 홍보
        (과학기술청·자원에너지청)

그림2_1981년 5월 후쿠이신문 연재기사 '방사능 누출(放射能漏出)'
기존의 전력회사와의 밀월이 마치 거짓말인 듯,
매우 비판적인 표현이 줄줄이 나온다.

원형이 자리잡아갔다.

원전 선진 현 후쿠이와 후쿠시마의 차이

일찍이 1970년대에 수많은 원전이 가동하기 시작한 후쿠이 현(9기)과 후쿠시마 현(6기)의 언론에는 당연하지만 계속 원전 광고가 산더미처럼 게재되었는데, 1980년대에 들어서자 신문 논조에 변화가 생겼다.

후쿠이신문은 1980년 3월 10일 지면에 '이익 기대에서 불안으로 주민의식에 변화'라는 기사와 '원전은 너무 많이 늘었다'는 쓰루가 시의 전 부시장의 인터뷰를 게재했다. 또한 1981년에는 쓰루가 원전 1호기의 방사성물질 유출 사고를 일본원자력발전이 은폐한 사실이 발각되어 5월에 연재 기사 '방사능 누출'을 게재했다(그림2). '늘 영향을 두려워하다 공식 방사선선량에도 의문을 제기하는 의견이 많다', '마지막 책임을 떠안는 것은 주민 국가도 지자체도 신뢰할 수 없다'는 충격적인 헤드라인은 지금껏 누려온 전력회사의 밀월을 박차고 나오는 것이었다. 또한 4월 4일의 사설에서도 '쓰루가 원전 사고 은폐, 다섯 가지 죄'라는 제목으로 도쿄전력이나 현을 신랄하게 비판했다. 후쿠이 현에서는 1973년에 간사이전력 미하마 원전 1호기의 핵연료봉 파손 사고 은폐가 발각되어 현민 사이에서는 전력회사는 고장이 발생해도 은폐하는 곳이라는 인식이 생긴 상태였기에 1981년의 사고는 오랜 불신이 폭발한 것이리라. 하지만 신랄한 추궁에도 불구하고 1991년 2월에 미하마 원전 2호기에서 세관 파열사고가 발생했는데, 그때도 후쿠이신문은 꽤나 신랄한 비판을 전개했다.

그에 반해 1970년대에 심각한 사고가 나지 않았던 후쿠시마에서는 원자력 무라와 언론의 밀월관계가 지속되었다(실제로는 1978년에 제1 원전 3호기에서 임계 사고가 발생했으나, 2007년까지 공표되지 않았다). 오히려 그 경제적 혜택을 찬양하는 지면 구성에 박차가 가해졌다 할 수 있다.

쓰루가 원전 사고가 발생한 1981년 4월 27일, 후쿠시마민보는 '쓰루가의 사고를 교훈으로 안전관리를 더욱 철저히'라는 제목의 기사를 게재했다. 이 기사에서 후쿠시마 제1 원전 소장의 '후쿠시마는 이중, 삼중 보호 장치가 있어서 쓰루가와는 다르다. 사고는 절대 일어나지 않는다'는 발언을 소개하며, 그것을 참고하여 '다음 현지 르포를 통해 도쿄전력, 도호쿠전력은 일본원자력발전과는 비교가 되지 않을 정도로 안전 관리에 신경을 쓴다는 것을 알았다'는 등의 기묘하고 경박한 문장을 실었다. 이 언론은 왜 이렇게까지 전력회사를 무조건적으로 신뢰할 수 있었을까? 이것을 보면 언론사가 완전히 장악되었다는 느낌이 든다.

그리고 후쿠시마민보는 같은 해 10월, '에너지와 지역개발エネルギーと地域開発'(그림3)이라는 9회 시리즈 기사를 연재

그림3_1981년 10월 28일, 30일, 11월 3일 후쿠시마민보 연재
기사 '에너지와 지역개발'
아홉 번의 연재 중, 원전의 안전성을 다룬 기사는 하나도 없다. '교
부금, 자산세 왕창 얻다(交付金,資産税がっぽり)'와 같은 품위 없
는 제목에 입이 딱 벌어진다.

하는데 이 또한 완전히 원전의 경제적 은혜만을 선전하는
내용이었다. '원활히 정비되는 공공시설　전원삼법교부
금 "살리다"', '교부금, 자산세 왕창 얻다　인구 과소 지역
이 유복하게' 등 지나치게 경제적 이득으로만 유도하여 쓴
웃음이 새어나오는 헤드라인이 줄줄이 등장한다. 그리고
후쿠시마민보와 후쿠시마민우는 1980년대 내내 오로지
이러한 특집기사만 게재했다.

체르노빌 사고를 넘어서(1988년)

1986년 4월 소비에트연방(당시) 우크라이나의 체르노빌 원전에서 원자로가 폭발하는 대규모 사고가 발생한다. 이 체르노빌 원전 사고는 일본에서도 대규모 반원전 시위를 일으켰다. 대형 언론사도 이 사고를 크게 다루었기에 도쿄전력은 사고가 일어난 1986년에 121억 엔이었던 보급개발관계비(광고비)를 이듬해 150억 엔으로 인상하고, '사고는 소련이라는 사회주의국가의 구형 원자로에서 일어난 것으로, 조건이 다른 일본에서는 절대 일어나지 않는다'고 필사적으로 선전했다.

도쿄전력의 보급개발관계비는 그 후에도 팽창을 거듭했다. 1988년에 180억 엔, 1989년에 206억 엔으로, 단 3년 후에 연간 200억 엔을 넘겼다. 심지어 그 후로도 증가 추세는 계속됐고, 미하마 원전 3호기 사고 이듬해인 2005년에는 결국 293억 엔에 달했다. 그 후로는 2008년의 리먼 사태의 영향으로 감소하긴 했지만 그래도 2011년의 후쿠시마 제1 원전 사고까지 연간 200억 엔을 밑도는 일은 단 한 번도 없었다. 이것은 일반 민간 기업에서는 있을 수

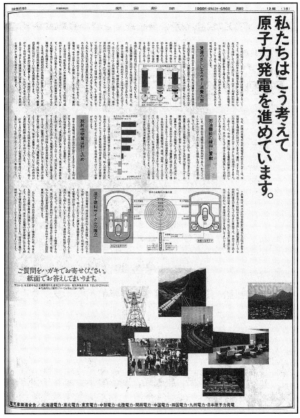

그림4_1988년 6월 6일 아사히 · 요미우리 등 전국지방지 15단
전사련

없는, 명백히 비정상적인 상승률이었다.

체르노빌 원전 사고 직후에는 전국지에서 원전 광고가 자취를 감췄지만, 지역 신문에는 계속 등장했다. 1988년 전국지에서 원전 광고 부활의 봉화를 피워올린 것은 6월부터 아사히나 요미우리신문에 게재된 '원자력발전, 당신의 질문에 대답해드립니다'라는 제목의 총 15단 분량의 4회 시리즈 광고였다('우리는 이렇게 생각하며 원자력발전을 추진하고 있습니다'(그림4)의 15단 광고를 포함하면 5회).

이 시리즈는 하쿠호도가 제작한 것으로, 독자에게 받은 질문에 대해 전사련이 대답하는 형식이었다. 인터넷도 휴대전화도 없던 시대에 광고주와 독자의 쌍방향성을 신문 지상에 표현하려 한 방식은 당시로서는 새로운 시도였다. 그러나 난해한 원전 문자에 대한 독자의 반응은 뜨겁지 않았고, 지상에 게재된 질문 대부분은 하쿠호도 사원 가족이 쓴 엽서 등 미리 짠 내용이었다.

게다가 원전에 대한 독자의 불신감을 없애고자 하는 마음이 커서였는지 1988년 7월 5일 게재한 회(그림5)에서는 '체르노빌과 같은 사고는 결코 일어날 수 없다'고 단정하고 있다. 그러니 만약 일어난다면 어떻게 되는가, 라는

그림5_1988년 7월 5일 아사히신문 15단 전사련

당연한 의문에는 대답할 수 없다. 결국, 20년 후 일어난 2011년 사고 때조차 그들이 손 놓고 있었던 사실은 모두가 알고 있는 대로다.

그런데도 광고가 늘어난 도오일보(1986년)

여러 원전이나 핵시설이 있는 모든 원전 입지 현의 지역 신문 중에서 아오모리 현의 도오東奥일보만큼 원전 광고를 많이 게재해온 신문은 없다. 아오모리 현에는 원전뿐 아니라 핵연료사이클이 있어서 전력회사 외에도 여러 광고주가 존재했기 때문이기도 하지만, 그렇다고 해도 같은 날 여러 개의 다른 원전 광고가 게재되는 상황은 확실히 이상하다. 조사를 위해 해당 지면을 살펴본 나도, 원전 광고로만 가득 찬 지면 구성을 보고 경악을 금치 못했다. 특히 매년 10월 26일 '원자력의 날'에는 그 현상이 더욱 두드러졌다. 이 날은 원전 입지 현이라면 어디나 한두 개 광고가 나오기 마련이지만, 가령 2003년 도오일보의 지면에는 도합 29단에 이르는 다섯 개 광고주의 원전 광고가 게재되었다.

단수표(표1)를 봐도 일목요연하지만, 도오일보의 광고 게재량은 독보적이다. 2000년대 후반의 2년 연속 600단 이상도 놀랍지만, 가장 시선을 끄는 것은 1986년에 777단이라는 연간 최고 단수를 기록한 것이다. 이 해에는 앞서 말한 것처럼 체르노빌 사고가 발생하여 다른 지면에는 광고가 감소했지만 핵연료사이클 건설이 시작 단계였던 아오모리 현에서는 오히려 광고 게재량을 늘려서 지역 주민의 불안을 잠재우려 한 것이리라.

　이 해의 주요 광고주를 소개하자면,

　　· 일본연료(주)

　　· 일본연료서비스

　　· 일본연료산업

　　· 전사련

　　· 아오모리 현

　　· 자원에너지청

　　· 과학기술청

등 일곱 개에 이르며, 각각 다양한 광고를 게재했다. 또한 특필할 만한 점은 아오모리 현청에 의한 광고가 매우 많다는 것이다. 아오모리 현은 1989년부터 매년 열 명 정도의 현민과 고등학생을 '원자력의 선진지'인 유럽으로 파견하여 그 보고를 매회 15단 광고(그림6)로 내보냈다. 당연히 그 파견비용과 광고비 모두 현민의 세금에서 나온 것이다.

도오일보의 원전 광고가 얼마나 이상한지 금액 면으로도 살펴보자.

보통 지방시에서는 계약 난段 단가(미리 연간 광고 게재 단수를 결정해두는 대신 단 단가를 싸게 한다) 설정은 많아도 연간 300단 정도까지다. 예외적으로 블록지(복수의 지방에 걸쳐 발행되는 신문-편집자 주)로서 부수가 백만 부를 넘는 홋카이도신문은 600단까지인데, 지방지에는 그렇게 크게 스폰서가 없으므로 애초에 그런 규정이 필요 없다. 그러므로 발행부수가 약 24만 부인 도오일보의 원전 광고가 1년에 600단 이상이었다는 것이 얼마나 엄청난 일인지 이해할 수 있을 것이다.

참고로 도오일보가 공개한 단 단가는 18만 5,000엔이므로, 그 금액으로 계산하면 1986년은 777단에 약 1억 4,300만 엔, 2009년은 646단에 약 1억 1,950만 엔, 2010년은 676단에 약 1억 2,500만 엔의 광고 수입이 있었다는

그림6_1986년 2월 18일 도오일보 15단 아오모리 현

계산이 된다. 이것은 약 24만부의 지방지로서는 매우 큰 금액이며, 심지어 지방의 단독 스폰서(정확히는 한 개 회사는 아니지만 원전 관련이라는 카테고리로 모아 1사라고 한다)로서도 엄청난 금액이다.

이 신문은 3·11 이전부터 일본 원자력산업협회에 가입했으며, 완전히 원전 추진 입장에 서 있다. 다만 후쿠시마민보나 후쿠시마민우처럼 일방적인 원전 찬양 기사는 거의 보이지 않고, 체르노빌이나 JCO 등의 사고 보도는 양적으로 꽤 많은 편이나.

즉 광고를 담당하는 광고국과 보도를 담당하는 편집국이 어느 정도 균형 잡혀 있어서 광고량이 기사의 내용에 끼치는 영향이 작다는 말일 것이다. 그렇다고는 해도 원자력산업협회에 가입한 이상 니가타일보나 홋카이도신문에서 볼 수 있는 원전에 대한 통렬한 비판 기사는 거의 볼 수 없다. 그 이유는, 어느 정도 원전 사고 보도는 하지만 원전의 존립에 관한 근원적 부분은 비판하지 않는다는 불문율 같은 것이 존재하기 때문이리라.

『광고비평』 주재자 아마노 유키치 씨의 경고(1987년)

1980년대는 일본의 광고대행사도 크게 성장한 시기였다. 일본 사회 전체에는 활기가 있었고 안방의 주역이 된 TV에서는 다양한 CF가 흘러나왔다. 동시에 원전 광고도 눈에 띄게 증가했다.

1979년부터 2009년까지 발행된 『광고비평広告批評』을 주재한 칼럼니스트 아마노 유키치天野祐吉는 이 무렵 이미 위기감을 가졌다. 그는 이 잡지의 1987년 6월호(그림7)에 원전 광고 특집 기사를 싣는다. 스폰서 기업을 비판하는 것이 가장 큰 터부인 광고업계의 중추에 있으면서도, 3·11 사고가 일어나기 20년도 전에 원전을 비판한 그의 혜안에는 깊은 경외심을 느끼지 않을 수 없다. 우선은 해당 기사의 머리말을 소개하겠다.

사고가 일어나도 절대 안전하다고 선전하는 원전 광고는 대체 무슨 생각인 것일까요? 다이어트 약 광고가 사기라면 '이런, 거짓말쟁이!', '미안해'로 끝날 수도 있겠지요. 하지만 체르노빌급 사고가 일어나면 일본은 파멸에 이를 테니 '미안하다'는 말로 끝날 문제가 아닙니다. 애초에 그때는 우리 모두가 이미 죽은 후고, 원전 관계자도 죽은 후일 테니 불만을 토로하는 자도 없고 책임을 질 사람도 없습니다. 원전이 안전하다고 단언하는 학자도, 정치가도, 경영자도, 광고맨도 어쩌면 그렇게 생각하고 있는 게 아닐까요? 핵폐기물 문제 하나만 봐도 벌써 위험이 가득한 원전을 이제 모두 폐기해야 합니다. 원전을 가진 채 '밝은 내일'이란 있을 수 없습니다. 그런 의미에서 '밝은 내일은 원전에서부터.'

3·11 사고를 경험해버린 현재, "사고가 일어나도 절대 안전하다고 선전하는 원전 광고는 대체 무슨 생각인 것일까요? (중략) 체르노빌급 사고가 일어나면 일본은 파멸에 이를 테니 '미안하다'는 말로 끝날 문제가 아닙니다"라는 대목을 읽다 보면 아마노 씨 최고 장점인 재치 있는 화법을 엿볼 수 있긴 하지만, 사건의 본질을 너무도 정확히 꿰뚫고 있어서 한기가 느껴질 정도다.

특집은 아래 4장으로 이루어진 다섯 쪽 분량이다.

· 원전 광고를 '올바르게' 읽는 법 (다카키 진자부로高木仁三郞)

· 원전을 선택한 것은 우리인가 (노사카 아키유키野坂昭如)

· 지금 일본에서 일어나는 일 (히로세 다카시広瀬隆)

· 오스기의 원전 영화 안내 (스기우라 다카아키杉浦孝明)

뭐니 뭐니 해도 압권은 지금은 세상을 뜬 다카키 진자부로가 다수의 원전 광고를 도마 위에 올려놓고 전문적 견지에서 하나하나 그들의 기만을 철저하게 지적하고 비판하는 대목이다. 이것은 원전 프로파간다 역사상 처음이자 마지막 쾌거였다.

후쿠시마 원전 사고 후인 2013년, 아마노 씨는 내 질문에 다음과 같이 대답했다.

─질문① 1987년 6월호 '원전 광고 특집' 머리말은 아마노 씨가 쓴 것입니까?

특집의 리더라서 형식적으로는 무기명으로 제가 썼습니다.

─질문② 왜 원전 광고 특집을 기획하셨습니까?

『광고비평』이라는 잡지를 운영하고 있으니 광고로서 아

니다 싶은 것을 보면 모른 척할 수가 없지요. 제가 원전 자체를 반대한다는 개인적 의견을 가지고 있어서라기보다, 광고라는 것이 이런 식으로 이용되어도 좋을까? 하는 생각이 들었기에 이 특집을 기획했습니다.

원전 광고의 대부분은 의견 광고입니다. 이렇게 국론을 양분하는 의견 광고는 반론권이 있기에 실을 수 있는 것이라고 생각합니다. 서양에서는 반론권이 인정되는 제도가 마련되어 있는 곳이 있습니다. 모든 광고에 반론권이 인정되는지는 모르지만, 어떤 종류의 의견 광고에 대해 그것과 같은 분량의 지면이 반론자에게 무료로 제공되는 제도입니다.

가령 담배 구매를 권하는 광고에 대해서는 담배는 유해하고 건강상 위험이 있다는 반론을, 무료로 제공된 공간에서 펼칠 수 있는 것이죠. 지금 일본에는 반론권이 없기 때문에 일방적으로 돈 많은 사람들의 의견만을 광고로 내보낼 수 있습니다. 이건 아니라고 생각합니다.

─질문③ 게재 후 반향은 어땠습니까? 또, 추진 측에서 항의나 방해(광고 인상) 등은 없었나요?

─질문④ 현재도 수많은 원전 광고를 블로그에 게재하고 있

는데, 추진 측에서의 항의는 없었습니까?

질문③과 ④에 대해서는 특별히 반향이나 반응도 없었고 찬성 의견도 없었습니다.

−질문⑤ 원전 추진의 역할을 담당하게 된 광고업계에 대해, 지금 어떻게 생각하십니까?

기본적으로는 광고대행사는 원전 광고 같은 걸 하지 않는 게 좋다고 생각합니다. 다만 그것보다도 이러한 공간이 언론에 의해 제공된다는 것 자체가 문제라고 생각합니다. 언론에 제공되면 대행사는 하겠죠. 판이 있다면 대행사는 하게 돼 있어요. 그러므로 판을 제공하는 언론 측이 그 부분을 명확히 해주었으면 하고 생각합니다. 그것이 가장 문제점이라고 생각해요.

(2013년 7월 3일 대담 『원전 광고』혼마 류, 2013년에서)

반론권에 대한 지적은 아마노 씨가 말한 대로다. 당시에도 지금도 일본 언론에는 반론권이라는 개념이 없다. 따라서 광고가 돈을 가진 대기업이나 정부의 전매특허처럼 되어버렸다. 하지만 서양에서는 반론권을 행사함으로써 일방적인 의견 광고에 대한 반론의 장이 보장되어 있

그림7_『광고비평』 1987년 6월호 표지

는 것이다. 원전 광고가 모두 의견 광고라는 지적은 매우 날카롭다.

또한 이 특집에 대해 아무런 반향이 없었다는 점도 인상에 남았다. 아마노 씨는 당시 이미 유명인이어서 『광고비평』은 광고 관계자에게 필수품이었으니 업계에서는 틀림없이 상당한 임팩트가 있었을 것이다. 하지만 찬성의 의견을 나타내는 사람이 나타나지 않았고, 원자력 무라도 일이 커지는 것을 두려워하여 논쟁에 도전하지 않고 보고도 못 본 척했을 것이다. 뒤에서 험한 일을 당하지 않은 것은 다행이었지만 공식적인 논쟁조차 발생하지 않은 것은 매우 아쉽다.

또한 아마노 씨는 매우 바빴기 때문에 이 대화는 모두 출판사를 경유하여 팩스로 이루어졌다. 그리고 실제로 만나서 대담을 나누는 기획을 부탁하려고 생각하자마자 갑

자기 돌아가셨다. 그는 마지막 저서『성장에서 성숙으로
成長から成熟へ』(슈에이샤集英社)에서도 원전을 언급했는데, 원전
프로파간다에 손을 더럽힌 광고업계의 몇 안 되는 빛과
같은 존재였으므로 꼭 직접 말씀을 듣고 싶었다. 이제 와
서 하는 말이지만 무척 아쉽게 생각한다.

지역 TV방송국에 대한 압력①
'가쿠마이네(핵은 안 돼)' 사건(1988년)

  1980년대는 원전 프로파간다의 발전기였지만 그 움직
임에 저항하려 한 TV 매체도 존재했다. 하지만 그 분투도
결국 원자력 무라의 압력에 의해 짓밟히고 말았다.

  1988년에 아오모리방송이 제작하여「NNN다큐멘트」편
성시간(일요심야)에 방송된「가쿠마이네核まいね(핵은 안 돼)—흔
들리는 원자력반도」는 롯카쇼무라의 핵연료사이클시설의
건설을 둘러싸고 분단된 지역의 비애와 고뇌를 날카롭게
그린 방송으로서 높은 평가를 얻어 '일본민간방송연맹상',
'"지방의 시대" 영상제상', '갤럭시상 장려상' 등의 수상에
빛나며, 7회의 시리즈 방송으로까지 발전했다.

이 방송은 핵연료시설반대 활동을 하는 여성들을 축으로 구성되어 있다. 아이가 있는 젊은 엄마들이 활동의 주체인데 마당에 둔 낡은 관광버스를 사무실로 삼아 '사과 꽃 모임りんごの花の숲'이라는 이름의 그룹을 만들어 다양한 활동을 전개한다. 전문가를 불러 스터디를 열고 히로사키弘前대학 연구실에 백 종류 식품을 가져가 세슘137 검사를 의뢰하거나, 핵연료사이클시설 건설 반대 서명 활동도 벌였다. 방송은 마지막에 "원자력에 안전기술이 확립되지 않는 이상 '가쿠마이네!'"라고, 통쾌하게 선언하며 끝난다. '마이네まいね'란 이 지방 사투리로서 'NO'라는 뜻이다.

이 방송은 우선 아오모리방송의 지역 프로그램 「RAB 레이더스페셜」 편성시간에 방송되어 호평을 받았고 그 후 전국 방송이 검토되었다. 그러나 전국 방송인 「NNN다큐멘트」에서 방송되기 전에 물고 늘어진 것은 과학기술청이었다. 과학기술청 담당관(아오모리원자력 연락조정소 소장)이, '사실을 오인한 부분이 있다'며 아오모리방송에 대해 전국방송 전에 다음 두 가지 점을 정정하도록 요구한 것이다.

①'영국, 프랑스에서 반환되는 플루토늄 25톤은 원자폭

탄 5,000발에 상당한다'는 자막 표시가 있는데 그 계산 방법 자체가 틀렸다. 원폭으로 환산하지 않도록 하라.

②'핵연료사이클시설의 안전성을 보장하는 기술은 아직 확립되지 않았다'고 방송했는데 안전성은 확립되어 있으므로 정정하라.

이렇게 방송 내용 그 자체를 변경하라고 요구했는데, 아오모리방송은 이것을 거부했고「가쿠마이네―흔들리는 원자력반도」로서 일본 TV 방송망의 전국망에서 방송되어 높은 평가를 얻었던 것이다. 나도 이 방송을 당시 실시간으로 보고 원전 반대를 가슴에 새긴 사람 중 하나다.

그러나 그 후, 그 내용에 과학기술청, 일본원연(핵연료사이클시설 건설 담당)에서 거센 항의가 들어왔고, 방송사 내부를 흔드는 큰 문제로 발전한다. 결국 아오모리방송 사장의 목까지 날아갔고 방송 제작 모체였던 아오모리방송의 보도제작부를 해체하고 방송 자체를 종료시킨 것이다(『원전TV의 황야原発テレビの荒野』가토 히사하루加藤久晴 저/오쓰키쇼텐大月書店 참조)

1993년 히로시마TV에서 일어난 '플루토늄 원년' 사건과 완전히 판박이다. 일본의 지방 방송국 입장에서 지방

전력회사는 최대급 대형 스폰서이며, 지역에 따라서는 주주이기까지 하다. 지방 방송국에서는 토 · 일요일 오전 중 등에 30분~한 시간 편성으로 전력회사의 1사 제공 편성분이 있거나, 저녁 뉴스나 일기예보 방송 등에도 대량으로 협찬한다. 원연은 그런 안정적이고 거대한 스폰서 권력을 100% 사용하여 아오모리방송의 보도제작부마저 해체시킨 것이다. 지방 방송국의 진지한 원전 반대 활동은 이렇게 하나하나 짓밟혔다.

1998년 1월 1일 요미우리신문 15단 전사련

제3장
원전 프로파간다의 완성기
(1990~1999)

세련된 완성으로 향하는 광고 패턴

1990년대에 가동한 원전 일람은 아래와 같다.

1990년 4월 가시와자키카리와 원자력발전소 5호기 (도쿄전력)

1990년 9월 가시와자키카리와 원자력발전소 2호기 (도쿄전력)

1991년 4월 도마리 원자력발전소 2호기　　　(홋카이도전력)

1991년 12월 오이 원사력발선소 3호기　　　　(간사이전력)

1993년 2월 오이 원자력발전소 4호기　　　　(간사이전력)

1993년 8월 가시와자키카리와 원자력발전소 3호기 (도쿄전력)

1993년 9월 하마오카 원자력발전소 4호기　　 (주부전력)

1994년 3월 겐카이 원자력발전소 3호기　　　 (규슈전력)

1994년 4월 고속증식로 '몬주もんじゅ' (일본원자력연구개발기구)

1994년 8월 가시와자키카리와 원자력발전소 4호기 (도쿄전력)

1994년 12월 이카타 원자력발전소 3호기　　　 (시코쿠전력)

1995년 7월 오나가와 원자력발전소 2호기　　 (도호쿠전력)

1996년 11월 가시와자키카리와 원자력발전소 6호기 (도쿄전력)

1997년 7월 가시와자키카리와 원자력발전소 7호기 (도쿄전력)

1997년 7월 겐카이 원자력발전소 4호기　　　 (규슈전력)

1999년 12월 롯카쇼무라 재처리사업소　　　(일본원연)

1990년대는 소련의 체르노빌 원전 사고로 인한 반원전 운동이 고비를 넘기고, 나아가 원전 추진 측이 체제를 정비하여 원전 홍보의 완성형에 이르는 10년이다.

체르노빌 사고 이후 반원전 운동의 고조에 위기감을 느낀 원자력 무라는 도쿄전력이 중심이 되어 언론에게 한층 거액의 광고비라는 이름의 당근을 나눠주면서 변덕스러운 국민과 안심할 수 없는 언론의 회유 방법을 검토하여, 1991년에 '원자력 PA방책의 사고방식'을 책정한다. 이것은 그 후의 원전 프로파간다의 지침이 된 중요 시책인데, 성별, 연대별 소구의 필요성을 부르짖었다. 나아가 막대한 자금력을 동원하여 지식인이나 연예인 포섭도 강력히 추진하게 된다.

그 지침에 따라 1990년대는 원전 광고의 표현 기술도 완성형에 도달했다. 그제까지의 어딘가 촌스러운 비주얼은 사라지고 카피도 세련되어졌다. 나아가 어용학자뿐 아니라 연예인이나 지식인을 출연시킨 대담 형식을 자주 채용하고 전문지식과 친숙함을 겸비한 광고 패턴이 완성되었다. 또한 이 무렵부터 도쿄전력에 의한 '보도방송 스폰서 전략'이 시작되어, 보도방송의 광고주가 되어 원전의 부정적 이미지 노출을 줄이는 움직임이 가속화된다.

또한 1990년대는 지금껏 원전 건설의 중심이었던 후쿠이·후쿠시마에서 미야기宮城(오나가와 원전)나 니가타新潟(가시와자키카리와 원전), 아오모리(롯카쇼무라)의 광고 노출이 증가했다. 표1에서 후쿠시마의 광고 게재가 없는 것은 1990년대에 후구시아 현에서 신규 원전 가동이 없었기에 조사를 하지 않은 것뿐이다. 가동 년에 비하면 감소했더라도 광고 자체는 있었을 것으로 보인다. 만약을 위해 1999년을 조사해보니 역시 신규 가동은 없어도 후쿠시마민보·민우 두 신문에서 각 해에 400단이나 되는 광고가 게재된 것으로 확인되었다.

1990년대의 신문광고 게재 수로 말하자면 1996년 니가타일보에 게재된 연간 719단이 최고다. 이것은 마키 원전 巻原発(도호쿠전력이 니가타 현에 건설하려고 계획한 원자력발전소-역자 주) 건설의 가부를 둘러싼 주민 투표를 유리하게 움직이려 한 원자력 무라가 소나기처럼 집중 게재한 결과이며, 그 대부분이 주민투표 2개월 전인 6월부터 투표일인 8월 4일에 이르

표1_1990~1999년 지역 신문의 전력회사 광고게재 단수표

연도 신문(원전명)	'90	'91	'92	'93	'94	'95	'96	'97	'98	'99	총 합계
홋카이도 (도마리)	135										135
가호쿠 (오나가와)	38	107	134	104	124	115			203	233	1,058
도오(히가시도리, 롯카쇼무라)					211	45				460	716
후쿠시마민보 (후쿠시마제1·제2)										411	411
후쿠시마민우 (후쿠시마제1·제2)										437	437
이바라키 (도카이)											
니가타 (가시와자키카리와)	441		186	195	278		719	197			2,016
후쿠이(쓰루가 미하마·오이 등)	218	255	215	61	456	167					1,372
홋코쿠 (시가)			360	204							564
시즈오카 (하마오카)			66								66
에히메 (이카타)				40							40
산인추오 (시마네)											
사가 (겐카이)			204	116				312			632
미나미닛폰 (센다이)											
연 도 합 계	832	362	895	834	1,014	493	764	509	203	1,541	7,447

*1991년 미하마 원전, 1995년 고속증식로 '몬주', 1999년 도카이무라(東海村) JCO에서 사고 발생

기까지 지극히 짧은 시기에 집중되었다. 그것에 대해서는 나중에 설명하겠다.

원자력 PA방책의 사고방식(1991년)

앞 장에서 말한 것처럼 1986년 체르노빌 사고에 의해 일어난 격렬한 반원전 운동은 정부나 전력회사를 흔들어 놓았다. 그 전까지는 원전 입지 현이나 입지 예정지에서만 발생한 반원전 운동이 전력 소비지이기에 원전에는 무관심하다고 여겼던 대도시에서도 일어났기 때문이다.

스리마일 섬 원전 사고보다도 훨씬 심각한 사고 영상이 방송되었고 실제로 일본에서도 사고로 인한 방사성물질이 관측되었기 때문에 지금껏 비교적 원전에 관용적이었던 언론도 일제히 비판적 논조의 뉴스와 기사를 내보냈다. TV아사히도 「아침까지 라이브TV!朝まで生テレビ!」편성 시간에 추진파와 반대파가 논쟁하는 모습을 세 번에 걸쳐 방송했다. 반향이 컸기 때문에 나중에 단행본과 비디오로 제작되기도 했다.

당시 이미 원전 홍보 개시로부터 20년이 경과하여 대

량의 원전 광고가 나갔지만, 그것들은 통일된 지침을 바탕으로 제작된 것이 아니라서 표현 방법이나 대상 설정도 애매했다. 또한 장기적인 언론 전략과 기자 대응 등 진정한 언론 대책도 없었다. 추진파는 체르노빌 사고에 의한 반대 운동의 고조로 인해 위기감이 커졌고 대량의 광고를 내보내도 막상 사고가 나면 금방 떠들어대는 언론을 회유해두어야 한다는 필요성을 깨달은 것이다.

따라서 추진파는 1991년 과학기술청(당시)이 원자력문화진흥재단(현재 원자력문화재단)에 위탁하여 '원자력 PA방책의 사고방식'이라는 지침을 만들게 했다. PA란 'Public Acceptance(사회적 수용을 위한 시책)'의 약자로, 원자력발전을 사회에 수용시키기 위해서 어떻게 하면 좋은지 다양한 방책을 검토·해설한다. 사회적 수용이라는 말은 듣기는 좋지만 이것이 그 후의 원전 프로파간다의 기본 방침이 되었으므로 이른바 나치 독일이 유태인에 대한 시책 방침을 결정한 반제회의와 같은 역할을 담당한 것이다. 수십 쪽에 달하는 해당 보고서의 내용을 발췌하여 소개하겠다.

'원자력 PA방책의 사고방식'

(일본 원자력문화진흥재단 원자력 PA방책위원회 보고서)

Ⅰ. 전체론

— 광고의 구체적 방법

1. 대상

(1)대상을 명확히 정해서 대상마다 효과석인 방법을 취한다.

①아버지층이 오피니언리더가 되었을 때 효과가 크다. 아버지층을 중요 타깃으로 삼는다. (생략) 정면에서 원자력의 필요성, 안전성을 호소한다.

②여성(주부)층에는 소구점을 압축하여 신뢰할 수 있는 학자나 문화인 등이 연호하며 호소하는 방식을 취한다. '원자력은 필요 없지만 정전되어서는 안 된다'라고 말하는 이기적인 사람들에게, 정면에서 원자력의 안전성을 설명하여 귀를 기울이도록 하는 것은 어렵다. 약간 완곡하게 에둘러 말하면 쉽게 이해할 수 있지 않을까.

③불안감이 그다지 없는 아이들에게는 만화를 사용하는

등 필요성에 중점을 둔 홍보가 좋다. 연예인의 얼굴은 사람들의 주의를 끄는 능력은 있지만 인기 연예인이 '원자력은 필요하다', '저는 안심하고 있습니다'라고 말하면 사람들이 납득하리라 여기는 것은 안이한 생각이다. 역시 전문가의 발언이 더 신뢰성이 있다. (생략)

(2)대상은 아버지, 주부, 아이(교육도 포함), 호소하는 내용은 원자력발전의 필요성과 안전성, 식품의 안전성, 원자력을 중심으로 한 과학적 지식의 보급 등일 것이다.

(생략)

대상을 아버지, 주부, 아이라는 당시의 전통적 핵가족에 두었다는 점에서 약간 시대를 느끼게 하지만 세대나 성별에 따라 다른 방책을 세웠다는 점은 옳다. 특히 어린이까지 포함하고 있는 것은 통찰력을 느끼게 한다. 또한 연예인과 전문가를 병용할 필요성을 제기하며 그 후의 대담스타일 광고의 제작을 향한 길을 열었다. 나아가 만화 활용의 유효성도 언급하고 있다.

2. 빈도

(1)반복적인 홍보가 필요하다. 신문기사도 독자는 사흘만 지나면 잊어버린다. 반복해서 기사를 쓰면 세뇌효과가 생긴다. 좋은 점, 중요한 점일수록 반복해야 한다.

(2)짧아도 좋으니 빈도를 늘려서 반복적으로 연속된 홍보를 한다. 정부가 원자력을 지지한다는 자세를 국민에게 보이는 것은 중요하다. 신뢰감을 국민에게 심는 지지선이 된다.

3. 시기(타이밍)

(1)시의적절한 광고는 효과가 크다. 정기적으로 나오는 칼럼 광고 등은 효과가 적다. 체르노빌이나 미하마 원전 사고가 발생했을 때, 스웨덴에서 원자력발전소 폐지를 결정했을 때 등 국민의 관심이 원자력에 향해 있는 시기에 광고하면 국민은 주목한다. (생략)

(2)광고 효과를 기대할 수 있는 타이밍을 놓치지 말고 시기에 맞는 시의적절한 광고를 한다. 사고가 발생했을 때는 국민의 관심이 높아진다. 원자력 홍보의 타이밍으로 최적이다.

짧고 이해하기 쉬운 메시지를 반복적으로 내보내는 것이 광고의 기본이며, 세뇌효과의 중요성도 이해하고 있다. 사고가 일어났을 때야말로 절호의 타이밍이라는 것은 경우에 따라 다르지만 시의적절함이 승부를 가른다는 말은 과연 사실 그대로다.

4. 내용(질)

(1)국민 대부분이 원자력을 위험하다고 생각하는 것이 현 상황이므로 홍보는 "위험하다"는 것을 전제로 두고 서서히 안전성을 설명하는 것이 더 좋다.

(2)소구점을 직접적으로 제시한다. 속이려 해서는 안 된다. '숨긴다', '속인다'는 느낌을 주면 아무런 효과도 없다. 성의를 보이는 홍보가 되려면 담당자의 자세, 마음가짐이 중요하다.

(3)정서에 호소하는 방법은 피한다. 원자력을 이미지로서 받아들이도록 하는 것이 아니라 사실을 알게 한다. (생략)

(4)원자력에는 숨겨진 것이란 이미지가 있다. 이 이미지를 불식시키기 위해서도 당당히 정면에서 호소한다. 원자력은 몰래 숨어 있는 것이 아니다. (생략)

(5)일반인이 신뢰감을 가지는 사람(의사, 학자, 교사 등)의 메시지를 늘린다. 의사나 교사가 올바른 이해를 하고 있는지가 문제인데 그들에게 정보를 제공할 필요가 있다. (생략)

본래 위험한 것을 만전의 체재로 봉쇄하고 있습니다, 라는 원전 광고의 이론을 제대로 설명하고 전문가의 말을 다용하는 방식은 훗날 광고 원고에 빈번히 등장한다. 그러나 절대 안전하다는 전제가 붙었다.

5. 사고방식(자세)

(생략)

6. 수법

(1)광고의 중심을 철저하게 "원자력발전소"에 둔다. 방사선이나 그 외 분야에서 이해를 깊게 할 방법을 생각할 여지가 있다. 방사선이나 방사능이 일상적인 존재라는 것을 주지시킬 필요가 있다. (생략)

(2)안전성이나 생활과의 밀착성을 기회가 있을 때마다 직접적으로 호소한다. 산도 바다도 화산도 날뛰면 무섭

다. 단 대책이 있다면 안심할 수 있다. (생략)

(3)이용 실태를 공개적으로 알린다. 원자력이 일상생활에서 떨어진 존재가 아니라는 사실을 안다면 '보이지 않는 공포감'을 완화할 수 있지 않을까.

(4)원자력 홍보는 우선 "안전하다"고 주장하는 것이 아니라 "핵분열이라는 현상은 위험하다. 그 위험을 어떻게 안전으로 바꾸는가"라는 방법을 찾는다. 지금껏 '안전'을 지나치게 강조했다. 그러니 무슨 일이 일어나면 '그럴 줄 알았다', '평소에 하던 말과 다르잖아'라는 말이 나온다. 세상에 위험하지 않은 것은 없는데 원자력만은 '안전하다'는 것 자체가 이상하다. (생략)

원자력뿐 아니라 자연방사선의 존재에 대해서 말하는 수법은 1990년대 이후 반복적으로 실시되어, 원자로는 다중방호로 보호하고 있다는 기술 설명 또한 반복적으로 말했다. '안전하다'는 말을 지나치게 하는 것에 따른 위험성에 대해서도 주의를 환기하고 있다는 점에 주목하자.

7. 기타

(학교교육) (생략)

(원자력의 날) (생략)

(견학) (생략)

(사고대응) (생략)

(광고)

(9)국민의 반대가 나올 만한, 강하게 어필할 수 있는 강력한 광고를 내는 것이 좋다. 무딘한 광고는 내지 않는다.

(10)국민을 하나의 대상으로서 홍보 효과를 높이는 것은 어렵다. 대상별로 대응해야 한다. 모두에게 호감을 얻고자 누구도 관심을 가지지 않을 광고를 하는 결과로 이어지고 있지는 않은가.

(11)막연히 정보를 흘리는 식의 홍보는 무의미하다. 광고를 업자에게 발주할 때의 국가의 자세에 문제가 있다. '좋은 아이디어를 내라'는 말로 대행사를 압박하기만 해서는 안 된다. '국민에게 이때 무엇을 호소할 것인가', '이때 무엇을 주장해야 하는가'라는 국가의 자세를 나타내는 것이 중요하다. (생략)

(12)이미지 광고는 그만두고 정보를 정확하게 직접적으

로 전달한다. 분위기로, 원자력은 필요하다는 마음이 들게 할 수 있을까? 원자력은 화장품 광고와 같은 느낌으로 가서는 안 된다. '사고를 일으킬지도 모른다'는 불안, '원자력을 하지 않아도 에너지는 부족하지 않다'는 충족감에 구체적으로 호소해야 한다.

(생략)

(16)필요성을 호소하는 경우 주부층에 대해서는 현재의 생활수준 유지의 가부가 시작이다. 샐러리맨층에는 "1/3은 원자력", 이것을 호소하는 것이 최적이라고 생각한다. 전력회사나 관련 기관의 광고에 반드시 "1/3은 원자력"을 넣는다. 적어도 어딘가에 넣는다. 싫어도 머릿속에 남게 된다. (생략)

타깃별 광고 전개는 그 후 2000년대에 여성지에 독자 광고를 게재함으로써 완성된다. 단, 꽤 이미지 우선적인 내용이었다. '에너지의 3분의 1은 원자력'이라는 슬로건 소구는 모든 광고에서 철저히 시행되어 완전히 정착했다고도 할 수 있을 것이다.

二. PA의 PR에 대하여

1. 국가의 역할 (생략)

2. 과학기술청 장관 (생략)

3. 포스터 · 광고 (생략)

4. 이벤트 (생략)

5. 기타

(리디오 · TV)

(1)기사를 내기 위해서는 어떻게 해야 좋을지 신문기자도 참여시켜 검토하는 것이 좋다. 다이렉트메일은 매월 보내지 않으면 효과가 낮다. NHK는 정부 광고를 내보내고 있으므로 원자력 홍보도 내보내주지 않을까. 라디오는 어떨까. TV만큼 경비는 들지 않으면서도 청취자가 많을 것이다.

(강사 파견)

(2)일반시민을 대상으로 한 풀뿌리 광고로서 강사 파견 사업을 실시하고 있다. 이 사업은 일본원자력연구소, 동력로 · 핵연료 개발사업단을 중심으로 꽤 실적을 올리고 있다고 들었다. 어떤 점이 좋았는지 1년에 한 번 정도 분

석해보면 어떨까. (생략)

이 위원회의 위원장이 요미우리신문사 논설위원이어서인지, 염치도 없이 신문기자를 끌어들이려 하는 자세에 놀랐지만, 이것은 원전 담당기자들을 접대하는 형태로 실행되어갔다.

(반대파)

(4)반대파 리더와 모종의 형태로 연결고리를 만들면 어떨까(토론회의 개최 등). 반대파와 진지한 토론회가 열린다면 당국은 반대파의 마음도 품으며 원자력을 이용하자는 것을 국민에게 알릴 기회가 된다. 언론도 다룰 것이다. 반대파가 응하지 않아서 정말로 힘들다면 언론을 통해 호소하는 것이 좋다. 호소 자체가 기사가 된다.

(학교 교육) (생략)

(견학) (생략)

(지방지)

(7)전국의 지자체에 문의해보면 원자력 홍보를 게재해줄 지자체가 있을지도 모른다. 신문의 지방지국에도 연락

해보면 좋을 것이다. 잡지도 좋다.

(8)미니코미지 등은 가능성이 있다.

반대파와의 토론도 제안하고 있지만, 저널리스트인 다하라 소이치로 씨에 의하면 반대파와의 대화를 거부한 것은 오히려 추진파였다고 한다. 이것은 그 후에도 원만하게 이루어지지 못했다. 당시의 토론회 등의 영상을 보면 이론상 반대파에 설득당하는 것을 극도로 피하고자 하는 생각이 있었던 것 같다. 뭐든 좋으니 광고를 얻기를 바라는 지자체의 홍보지나 지방지, 미니코미지의 게재는 1990년대 이후 현격히 증가한다.

II. 대중매체 홍보

― 총론

(로비의 설치)

(1)원자력에 호의적인 문화인을 항상 포섭하여 유사시에 해설자로서 대중매체에 추천할 수 있도록 한다(로비의 설치). 신문, TV, 잡지에는 각 분야의 코멘트를 요구하

는 전문가 리스트가 있다. 원자력에서는 반대파 인사가 많다. 다카키 진자부로 씨는 가장 유명한 해설자다. 대중매체에 그의 이름이 오를 때마다 유명해진다. 관공서에서 명부를 준비하여 '이 사람을 쓰라'고 추천하는 것도 묘하다. 해설자에 걸맞은 사람의 이름을 대중매체가 자연스레 기억할 수 있도록 평소에 고민해야 한다.

(2)여러 명의 로비를 만들어 해설자 양성에 힘쓴다. 관청에서 강연할 때 의식적으로 소양 있는 해설자의 이름이나 그 코멘트를 내보낸다. 때로는 그 사람을 불러오는 등의 대응이 필요하다.

(3)로비를 만드는 것은 무리하지 않더라도 기자 클럽이나 논설위원과의 간담회를 이용하면 좋다. 상설하지 않더라도 필요하면 주부련主婦連 사람을 모아서 의견을 듣는 등 임기응변으로 대응하면 좋다. (생략)

이것은 매우 중요한 제언이었다고 할 수 있으리라. 이 지침을 받아들여 1990년대 이후, 이른바 '원전문화인' 육성을 대대적으로 전개하여 각종 언론에 화려하게 밀고 나간다. 기자클럽이나 논설위원까지 포섭하려는 점은 철저해서, 추진파 로비의 형성과 함께, 역으로 반대파 유명인을 언론에서 배제해간 것이다.

二. 대중매체의 활용

1. 활자매체

(1)퍼블리시티publicity(광고주가 누구인지 모르게 하는 PR법-역자 주) 홍보가 최선이다. 얼마나 PA 냄새를 지우는가가 포인트. 재료를 제공하되, 그 이후 요리 방법은 맡길 것. '올바른 지식'의 강매는 금물. 전문가가 올바른 지식의 이해를 요구하더라도 대중이 '듣기 싫다'고 말하면 끝이다. 정전은 곤란하지만 원자력은 싫다는 뻔뻔한 소리를 하는 것이 대중이라는 사실을 잊지 않도록.

(2)반대파가 내는 서류에 대해 추진파가 작성한 서류는 절대량이 적다. 그 실태는 도서관 책장에도 그대로 드러나 있다. 채산도외시의 각오로 출판수를 늘리는 것은 어떨까. (생략)

(3)관계자의 원자력시설 견학회는 어떨까. 원자력 관계자의 가족은 원자력발전소를 꼭 두 눈으로 볼 필요가 있

다. (생략)

1990년대 이후 활자 매체에서는 '특집', '타이업tie-up'이
라는 이름의 기사 광고가 비약적으로 증가한다. 원전 옆
의 PR관도 최대한 유효 활용되어 빈번하게 견학회가 실시
되었다.

2. 영상매체

(1)담당자도 제대로 내용을 이해하지 않은 채 적당히
'좋은 것을 만들자'는 바람에 오랜 기간 매너리즘에 빠져
해왔다. 유착 배제를 위해 매년 업자를 바꾸어 고민하는
것이 필요하다. 예산을 소화하기만 하는 PA를 하는 것은
의미가 없다. (생략)

(2)TV에서 토론회, 대담, 강좌 등을 실시한다(정부가 제
공하면 시청률이 낮으므로 고민이 필요하다). 진지하고
재미있는 방송이라면 사람들은 따라온다. 원자력을 정치,
국제 정세 등 시국과 연관 짓는 것이 좋다. 기획의 옳고
그름과 함께 타이밍이 있다.

(3)퀴즈 방송에 과학기술청 관련 문제를 제출하여 그 안

에 에너지 · 원자력 등을 집어넣는다. 가령 후쿠이TV의
「몬주로 퀴즈もんじゅでクイズ」처럼.

(4)기존의 방송에 원자력에 관한 화제를 잘 넣어서, 반
년~1년간 지속한다.

(5)연속극을 제작 · 방영한다. 원자력은 "사고"로 영화의
대상이 되는데 더욱 긍정적인 이미지로 드라마 속에 넣도
록 궁리한다.

(6)한 드라미 속에 저항이 저은 형태로 원자력을 집어넣
는다. 원자력 관련 기업에서 일하는 사람의 등장 같은 형
태라도 좋다. 원자력을 하이테크의 하나로서, 기술 문제
로서 다루는 것은 어떨까. TV에서 전자공학은 기술 소개
프로그램에서 자주 다룬다. 왜 원자력은 다뤄지지 않는
가. 그곳에는 열심히 노력하며 땀을 흘리는 사람들이 있
다. 그런 모습을 영상화하는 것을 검토한다.

(7)다큐멘터리적인 방송을 제작 · 방영한다. NHK가 이
따금 하지만 NHK는 비판적인 색깔이 짙거나, 지나치게
개성이 강하다. 더 공평하고 솔직하게 만들 수 없을까.
민간방송사가 더 낫지 않을까. TMI의 뉴스 보도에서는
NHK가 특히 오류가 많고 과장이 눈에 띄었다.

(8)애니메이션 만화영화를 제작·방영한다. TV에서 보여줄 애니메이션 아이디어가 부족하다. 아이들에 대한 교육 효과는 크다.

(9)지금처럼 뉴스 방송의 시청률이 좋은 시대에는 국회의원이나 공무원이 TV에 출연할 기회도 많을 것이다. 그 기회를 적극적으로 이용한다. TV 방송국에 적극적으로 접근하여 스스로 뉴스 방송에 출연할 기회를 만들기 위해 노력한다. 과학기술청 기자클럽의 각 TV 방송사 기자와 이야기를 나누는 기회를 만들어 그것에 대해 검토해본다.

(10)사고에 대해 관계자가 어떻게 대응했는지, 같은 다큐멘터리를 제작·방영한다. 사고를 측면에서 바라보는 방송이다.

(생략)

(12)TV CF를 많이 내보낸다. 무엇을 호소하는지가 중요하다. 머릿속에 꼭 집어넣고 기억해주기를 바라는 것을 호소한다.

(생략)

(14)유사시에는 원자력에 호의적인 문화인을 해설자로 추천할 수 있도록 준비해둔다. 신문, TV가 이 사람의 코

멘트를 실어주었으면 하는 사람을 리스트로 만들어, 그 이름이 자연스레 배어들도록 평소 업무 시 유념하는 것이 중요하다.

영상 매체를 어떻게든 끌어들이려는 남다른 야심이 느껴진다. 그러나 역시 중앙 방송국에서 원전을 주제로 한 드라마나 애니메이션 제작은 무리였다. 실현된 것은 지방 방송국의 퍼블리시티용 미니펴성 제작(5분 정도)과 TV CF로, 특히 후자는 방대한 양이 방영되었다. 또한 2000년대에는 관계 관청의 홈페이지에서 원자력 정책 계발 단편 애니메이션을 방영하기도 했다.

三. 매체 관계자에 대한 홍보

(1)홍보담당관(자)은 매체 관계자와의 개인적인 친분을 쌓는 노력이 필요하지 않을까. 접촉하여 다양한 정보를 아무렇지 않게/자연스럽게 주입하는 것이 중요하다. 매체 관계자는 원자력 정보에 어둡다. 진지하고 딱딱한 정보를 계속 제공하면 좋다. 접촉이란 만나서 함께 식사를 하는 것뿐만은 아니다.

(2)관계자의 원자력 시설 견학을 시행한다. 눈으로 보면 친근감이 솟는다. 이해가 깊어진다. 특히 TV나 신문의 내근자에게 보이는 것이 효과가 크다. 그들은 현물을 보지 못했기 때문에 관념적 비판자가 되어버렸다.

(3)5~6인으로 구성된 로비를 만들어 항상 교류를 꾀하는 것도 하나의 방법이다.

(4)TV디렉터 등 제작현장 사람과의 로비도 생각한다 (TV 방송국을 특정해도 좋다). 특정한 방송국을 동조자로 만드는 것만으로도 큰 의미가 있다. 방송국과 과학기술청의 연결고리는 약하다. TV디렉터에게 약간의 지혜를 주입할 필요가 있다.

(5)인기 캐스터를 대상으로 삼아 광고를 생각한다. 별일이 없을 때도 이따금 회합을 가지고 원자력에 대해 이야기를 나누며 정보를 제공한다. 가령 유명한 사람에게 30분 정도 말하도록 하고 질의응답을 한다. (생략) 유사시 원자력이 비판의 대상이 되었을 때 인기 캐스터를 모아 이해를 구하는 것이 가능하다면 이것이 가장 효과적이고 좋은 방법이다. (생략)

(6)홍보담당관은 매체 관계자와 개인적인 유대 관계를

키운다. 인간이므로 유대가 깊어지면 당연히 어느 정도 서로 배려하게 된다.

(7)평소에 도움이 되는 정보를 가능한 한 빨리, 또한 적극적으로 제공해둔다. 그것이 신뢰관계를 구축한다. 기자에게는 고마운 존재가 된다.

(8)기자의 직책이 바뀌더라도 정보 제공을 계속한다. 다른 부서로 이동하더라도 정보자료를 우송한다. 직책은 2년 정도면 바뀌므로 계속 대상을 넓혀가다 보면 강력한 지원 네트워크를 구축하게 된다. (생략)

마치 디렉터나 매체 관계자 위에 군림하는 듯한 인식이 강하게 느껴지는데, 핵심은 접대를 통해서 평소 긴밀히 접촉을 하라는 것이다. 실제, 매체 관계자를 위한 원전 견학회는 빈번히 이루어졌고, 숙박비와 교통비는 전부 전력회사에서 부담하는 것이 관례로 되어 있다. 기자 한 사람에게 일대일로 전력회사 홍보 담당이 붙어 원전 견학을 빙자한 접대를 하는 것이 상투적인 수법이었다.

원자력 무라의 홍보관

이상이 '원자력 PA방책의 사고방식'인데, 1991년 단계에서 원자력 무라가 그 후의 프로파간다의 기본방침을 세웠다는 것을 이해할 수 있다.

또한 이 보고서는 다음과 같은 멤버에 의해 작성되었다. (직함은 당시)

원자력 PA방책위원회

위원장　　나카무라 마사오中村政雄(요미우리신문사 논설위원)

위원　　　다나카 야스마사田中靖政(가쿠슈인學習院대학 법학부

교수)

아카마 고이치赤間紘一(전기사업연합회 홍보부 부장)

가타야마 요片山 洋(미쓰비시중공업 홍보선전부 차장)

시바타 유코柴田裕子(산와三和종합연구소 연구개발부 주

임연구원)

옵서버　　마쓰오 히로미치松尾浩道(과학기술청 원자력국 원자력

조사실)

무라카미 교지村上恭司(과학기술청 원자력국 원자력이
용추진기획실)

사무국　　마쓰이 마사오松井正雄(일본원자력문화진흥재단 사무
국장)

　이 중에서 위원장인 나카무라 마사오 씨와 위원인 다나
카 야스마사 씨는 당시 원자력 무라 중에서도 특히 유명
한 인물이었다. 1990년대부디 3·11 사고 직전까시 나카무
라 씨는 요미우리신문 논설위원이라는 직함으로 매우 많
은 언론에 등장하여 그야말로 '원자력 무라의 홍보관' 같
은 존재였다. 『원자력과 보도原子力と報道』, 『원자력과 환경
原子力と環境』(두 권 모두 주코신서中公新書)라는 저서도 있으며 특히
전자에서는 '원자력은 올바르게 보도되고 있지 않다. 그
러므로 바로잡아야 한다'는 완전히 추진파 시선에 따른 보
도 검증을 주장했다. 애초에 원전에 대해 공정한 검증을
해야 하는 신문사가, 추진파 회의에 논설위원을 파견하는
것은 무척이나 이상하지만, 요미우리는 후쿠시마 원전 사
고 이후에도 그 노골적인 추진 자세를 바꾸지 않았다.
　다나카 야스마사 씨는 당시 저명한 사회심리학자였으

며 『원자력의 사회학原子力の社会学』, 『체르노빌신드롬 원
자력의 사회학 파트2チェルノブイリシンドローム 原子力の社会学
part2』 등의 저서에서 주로 사회학적 견지에 서서 원전 추
진을 주장했다. 원자력안전위원회 전문위원, 일본원자력
산업회의 이사 등을 역임하며 물리학 등의 기술적 견지
이외의 추진파 논객으로서 역시 언론에 빈번하게 등장했
다. 그런 두 사람을 중심으로, 특히 대중매체 대책에서 노
골적인 전략 방책을 제언한 이 보고서를, 1990년대 후반
의 광고나 홍보 시책과 비교해보면 그것이 확실히 훗날
원자력 무라의 기본적인 홍보 전략이 되었다는 사실을 알
수 있다.

이 위원장이 요미우리신문 논설위원이었다는 사실에는
경악을 금할 수가 없지만, 언론 전개 방법 등에는 광고ㆍ
언론업계를 잘 이해하는 사람만의 생각이 반영되어 있기
에, 실행위원에 이름은 들어가 있지 않지만 덴쓰 등의 광
고대행사 관계자의 관여가 강하게 느껴지는 내용이다. 그
리고 3·11 직전에는 여기에 쓰인 방책 대부분이 실행되었
고, 나아가 언론 측의 과잉 자주규제라는 부산물까지 생겨
나 원자력 PA는 그야말로 완성의 영역에 달했던 것이다.

원자력의 날 포스터 콩쿠르 개시(1994~2010년)

1990년대에 개시된 원전 프로파간다 중에서 가장 죄가 깊고 동시에 프로파간다의 정수라고 여기는 것은 문부성과 통산성(현재 문부과학성과 경제산업성·자원에너지청)의 주최로 1994년부터 2010년까지 개최된 '원자력의 날 포스터 콩쿠르'(그림1)다.

일본 전국의 초등학생과 중학생 이상을 대상으로, '원자력발전에 관한 이해 촉진'을 주제로 매년 10월 26일 '원자력의 날'에 맞추어 개최되었다. 우수작은 '문부대신상(문부성 장관상에 해당-역자 주)', '경제대신상'을 수여했다. 이것은 사후 홍보로서 다양한 원전 추진 언론에 게재되었다. 매년 6월에 모집을 시작해 여름방학이 끝나는 9월에 마감했다. 2010년도에는 초등학생 이하인 3,694명과 중학생 이상인 3,197명이 참가했다. 실시 비용은 약 4,000만 엔으로, 운영은 재단법인 '일본원자력문화진흥재단'이 주로 맡았다.

국가 차원의 프로파간다를 완성시키기 위해서는 성별에 관계없이 온갖 세대를 포섭해야 했다. 특히 여성층은 남성보다 원전의 위험성에 민감하기 때문에 여성층을 포

그림1_원자력포스터 콩쿠르 작품 모집 포스터

섭하기 위해서도 날마다 아이들이 생활하는 교육 현장에
서 국가라는 감투를 씌워 실시되는 포스터전은 효과가 큰
시책이라고 생각되었다.

그러나 그 운영을 수년간 담당한 JR히가시니혼기획東日
本企画(JR 그룹의 광고대행사)에 따르면 실제로 응모는 계획한 대
로 되지 않았던 것 같다. 이 회사의 홈페이지에 게재된 기
사에 따르면 매년 응모 내용이 매너리즘에 빠지는 기미를

보였고 응모 총수의 증가를 어떻게 달성하는지가 이 업무를 수주하기 위한 필수 조건이었다고 한다. 아래에 이 회사의 홈페이지에 게재된 문장을 소개하겠다.

우리가 하는 제안의 골자는 콩쿠르의 원점에 돌아가서 '원자력의 계몽에 힘쓰고 응모 작품의 질적 향상을 꾀한다'는 것입니다.

사전 공청회에서 판세자가 '응모 수는 많지만 대부분이 전구를 모티프로 한 작품뿐이다. 전구 그림만 모여도 소용이 없다'는 의견이 나왔습니다. 따라서 이번 제안에는 '응모의 수보다는 질 향상'에 중점을 두기로 한 것입니다.

구체적으로는 원자력발전에 관한 텍스트를 작성하여 전국의 초·중·고등학교(공립학교 약 4만 개)에 무상으로 배포하고 '이것을 사용하여 수업을 해달라'고 의뢰합니다. 동시에 교육 단체를 통해 직접 아이들에게 텍스트를 배부합니다. 이를 통해 원자력발전에 대해 더욱 깊이 이해시키고, 그 후에 포스터 콩쿠르에 응모하도록 하는 것입니다.

또한 포스터 콩쿠르 작품 모집을 위해 전용 홈페이지를 만들어 더욱 깊은 이해 촉진과 응모의 질 향상, 나아가 콩쿠르 자체의 홍보를 꾀합니다. 전국 일곱 개 대도시에서 사람들이 많이 다니는 장소에 '원자력 포스터 스트리트'를 만들어 게재하는 것도 제안했습니다.

이 내용을 굳이 전재한 것은 이 해설에는 원전 프로파간다에 가담한다는 수치심이나 아이들을 속인다는 죄책감이 전혀 느껴지지 않기 때문이다. 이 문장이 쓰인 것은 원전 사고 전인 2010년인데 이것을 쓴 영업담당자는 이 회사 사장상을 수상했다고 한다. 내가 트위터에서 이것을 비판한 후 접속이 집중된 2013년 11월까지 홈페이지에 게재되어 있었으나, 현재는 링크가 끊겨서 볼 수 없게 되었다.

이 악명 높은 포스터전도 2011년 원전 사고 후, 시민단체의 항의로 중지되었다.

지방 방송국에 대한 압력②
'플루토늄 원년' 사건(1993년)

3·11 전, 원자력 무라의 당근과 채찍에 완전히 장악당한

언론 중에서도 기개 있는 방송 프로그램을 제작한 지방 방송국이 있었다는 것은 앞 장의 '가쿠마이네' 부분에서도 소개했다. 하지만 그런 움직임에 대해서는 곧장 '방송 협찬 중지', 'CF 발주 중지' 등 원자력 무라의 압력이 발동되어, 경영 기반이 빈약하여 지역 경제의 큰손인 전력회사에 크게 의존하는 지방 방송국은 점차 자주 규제라는 형태로, 원자력 무라에 예속될 수밖에 없었다.

후쿠시마TV의 오카하라 나게시岡原武 씨는 1992년, 일본의 플루토늄 이용의 움직임을 쫓은 「플루토늄 원년・히로시마부터~일본이 핵 대국이 된다…?!プルトニウム元年・ヒロシマから~日本が核大国になる…?!」를 제작했다. 이 프로그램은 니혼TV 계열인 「NNN다큐멘트」 편성 시간에 전국 방송되어 1993년의 '"지방의 시대" 영상제 대상', '일본 저널리스트회의 장려상'을 수상했다.

하지만 지역의 주고쿠전력과 전사련의 집요한 항의를 받아 큰 문제로 발전했다. 협찬하기로 결정되어 있던 방송에서 주고쿠전력이 빠지려 하자, 매출 감소를 걱정하는 사내 부서의 압력을 받아 결국에는 이 방송을 제작한 본인을 포함한 보도국 네 명이 영업국으로 배치되는 강등

인사를 단행했다. 아래는 그 방송을 제작한 오카하라 씨의 인터뷰다.

오카하라 : (전략) 역시 원자력산업에 있어서 생명선인 저선량 피폭의 영향을 전달한 것이 문제였는지 얼마 안 있어 주고쿠전력의 홍보담당자가 찾아왔습니다. 질문서를 가지고 와서 구두로 대답했지요. 그는 '의견을 말씀드리러 온 것이지 항의가 아니다'라고 하더군요. 전사련도 왔어요. 2주 후예요. 바로는 안 오죠. 만반의 준비를 하고 나서야 오니까.

(중략) 원자력 추진 측은 필사적으로 막으려고 했지요. 결국 방송한 지 1년 반 후인 1995년 봄에 보도국장, 차장, 프로듀서, 그리고 디렉터인 저까지 총 네 명이 영업국으로 배속되었습니다.

이것은 주고쿠전력이 직접 개입했다기보다는 과격한 표현을 쓰자면 회사의 '자기 규제'였는지도 모릅니다. 저는 그렇게 생각합니다. (『방송연구와 조사』 2008년 10월호)

이 오카하라 씨의 발언에서 매우 중요한 것은 '회사의

"자기 규제"라는 부분이다. 주고쿠전력이나 전사련의 압력을 받은 영업 부문이 '매출이 떨어지지 않느냐'는 불만을 말하며 상층부를 압박하여 방영 후 1년 반이나 지난 후에 '징벌 인사' 조치를 내렸다. 다양한 상을 수상한 방송 제작 스태프가 자신이 하던 일과 상관없는 영업 부문에 배속되는 것은 보통의 인사이동에서는 있을 수 없는 일이며, 이것은 명백히 사내에 본때를 보이기 위한 징벌이자 주고쿠전력·진사련에 대한 '사쇄'였다.

적은 원자력 무라뿐 아니라 사내에서도 증식하여 보도 부문의 목을 죄었던 것이다. 이처럼 원자력 무라는 보도 부문에 직접 압력을 가하지 않고 본래는 같은 편이어야 할 사내 영업부나 상층부를 연루시키는 비열한 방법을 취했다. 물론 이것은 히로시마TV에만 국한된 이야기는 아니며, 지금도 일본 전국의 언론에서 일상다반사로 벌어지는 광경이다. 그리고 이 사건은 눈 깜짝할 새에 언론업계로 전해져서 제2, 제3의 반원전 보도 자주규제로 이어졌다.

원전의 단점을 굳이 보도하지 않으면 초우량 스폰서로서 안정적 수익원이 되어주는 전력회사. 그러나 한번 심기를 거스르면 엄청난 손실로 경영에 직격탄을 날린다.

그런 사태가 될 바에야 원전을 건드리지 말자는 심정이 되는 것이다. 그렇게 '원자력은 보고도 못 본 척하는 것'이라는 의식이 만연하여, 이후 원전 문제를 다룬 르포는 거의 자취를 감췄다.

마키 원전 주민투표(1996년), 니가타일보의 의지

체르노빌원전 사고 이후, 신규 원전 건설은 각지에서 맹렬한 반대운동에 휩싸였다. 간사이전력은 모든 원전이 동해 쪽인 후쿠이 현에 집중되어 있으므로, 본사가 있는 태평양 쪽에 어떻게든 원전을 건설하려 했지만 모조리 격렬한 반대에 부딪혀 좌절되었다. 그런 반대 운동 중에서 특필해야 할 것이 니가타 현 마키마치卷町가 주민투표를 거쳐 도호쿠전력의 원전 건설을 저지한 사례일 것이다. 결과만 말하면 쉽지만 해당 지역은 오랜 시간에 걸쳐 찬성파와 반대파로 양분되었고 도호쿠전력은 국가의 지원을 받아 맹렬한 프로파간다를 전개했다. 그런 와중에 원전 입지 현 신문사의 긍지를 드러낸 것이 지역 신문인 니가타일보였다.

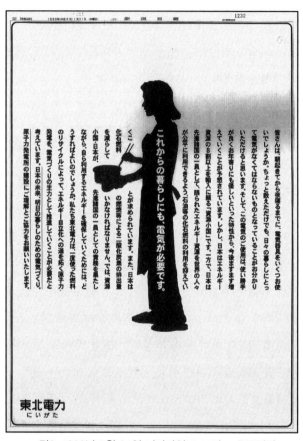

그림2_1996년 7월 31일 니가타일보 15단 도호쿠전력

마키마치에서 주민투표가 결정되자 추진 측은 니가타 일보에 대해 전례 없는 대량 광고 발주를 했다. 주민투표 결정이 된 1996년 6월부터 8월 4일 투표일까지 약 2개월 간, 적어도 350단 이상의 광고가 집중적으로 게재되었다. 물론 도호쿠전력뿐 아니라,

· 경제산업성 · 자원에너지청
· J POWER(전원개발)
· NUMO(원자력발전환경정비기구)
· 포럼 · 에너지를 생각한다(원전 추진 NPO)
· 도호쿠 에너지간담회

등의 원자력 무라 조직들이 총력을 기울여 광고를 게재했다. 신문처럼 확실한 자료는 남아 있지 않지만 그 밖에도 당연히 TV나 라디오의 CM도 내보냈을 것이고 각 세대에 보낸 다이렉트 메시지나 전단도 상당한 양에 이를 것이다.

그 내용은 '지역 발전에 기여한다', '지역의 일원으로서 활동한다'는 원전 광고의 전형적 패턴에 더해 '자원 없는 일본에 원자력발전은 필요하다'는 단정형, '함께 생각해봅

그림3_1996년 4월 18일 니가타일보

시다'라는 유도형부터 심지어는 '이해 부탁드립니다'와 같은 간청형(그림2), 나아가 학자나 연예인을 동원한 심포지엄 실시·홍보형 등, 생각할 수 있는 온갖 표현 형태를 동원하여 광고를 내보냈다. 심지어 같은 날 다른 페이지에 줄줄이 원전 광고가 게재되었기에, 이상한 지면 구성이었다. 이것은 다른 원전 입지 현에서도 아오모리 현 도오일보 이외에 유례없는, 단기간 광고량으로서는 원전 프로파간다 사상 특필할 만한 사건이었다.

그러나 니가타일보의 기사면의 공평성은 흔들리지 않았다. 보통 이 정도로 거액 광고가 게재되면, 기사 면에서 그 스폰서를 비판하는, 혹은 불리해질 만한 내용을 쓰는 일은 있을 수 없다. 오히려 기사면에서도 광고주를 추켜세우는 일이 일반적이다. 하지만 니가타일보의 기사는 찬성·반대파 쌍방에 대해 엄격하리만치 중립적이었고, 원전 유치의 장단점을 같은 기사량(글자 수)으로 소개했다. 이것은 보도기관으로서는 당연하다고 해야 하지만, 원전 입지 현의 보도기관으로서는 극히 드문 현상이었다.

추진파의 연회를 대서특필

게다가 놀랄 만한 기사도 게재되었다. 주민투표의 가부가 논의되던 1996년 4월 18일, 추진파가 도호쿠전력의 자금으로 초밥집에서 연회를 연 것을 사회면에서 폭로한 것이다(그림3). 심지어 기사에는 간부의 불쾌해하는 표정을 클로즈업한 사진도 실려 있어서 추진파의 이미지 실추는 피할 수 없었다. 신문사가 이러한 기사를 게재하는 것은 유사한 현장을 여러 곳 파악했을 때여서, 추진파가 돈으로 사람들을 쥐락펴락하는 것을 더는 묵과할 수 없는 지경에 이르렀다는 증거이기도 하다.

그리고 같은 해 8월 4일의 주민투표를 통해 지역을 양분했던 원전 유치는 부결되었다. 다양한 요인이 있지만 역시 유일한 현지인 니가타일보의 보도 자세가 끼친 영향은 헤아릴 수 없으리라. 그리고 여기에서 원전 유치가 저지된 것은 전국의 반대 운동에 큰 활력을 주었다.

경영을 생각하면, 원전을 유치해야 더욱 많은 광고를 따올 수 있으니 니가타일보 사내에서는 유치에 찬성하는 의견도 틀림없이 있었을 것이다. 하지만 이 무렵 이미 체르노빌 사고의 심각함은 밝혀졌고, 일본 국내 원전에서도 무수한 사고가 발생하여 후쿠이 현 내의 여론조사에서는 원전 반대 여론이 강하다는 사실이 보도되었다. 이미 가동하고 있던 가시와자키카리와 원전 특수도 앞이 내다보였고, 냉정하게 생각하면 추진파가 주창하는 장밋빛 미래 따위는 있을 리 없다는 것이 명백했다. 그런 흐름을 대국적으로 보고 단기적인 수입 증가에 현혹되지 않고 보도기관으로서 사명을 다한 니가타일보의 자세는 오래도록 역사에 남을 것이다.

2011년 2월호 『분게이슌주(文藝春秋)』 전사련(컬러 1페이지)

제4장
프로파간다 난숙기에서 붕괴로
(2000~2011)

세 축의 PR 체제

2000년부터 2011년 원전 사고까지 약 11년은 원전 프로파간다의 난숙기다.

2002년 악질적인 도쿄전력 문제 은폐 발각으로 인하여, 그때까지 원전 예찬에 적극적이었던 후쿠시마민보·후쿠시마민우 또한 이때만큼은 도쿄전력을 강하게 비판했다. 그 후에는 어용기사가 없어졌지만 광고 게재는 계속되었다. 전국지, 잡지 등에서는 이듬해인 2003년 정도까지 선전 활동이 잠잠해졌지만 핵연료 시설 가동이 시작된 아오모리 현은 전혀 영향을 받지 않았고 오히려 사건을 은폐할 기세로 지역 신문(도오일보)에 연달아 광고를 냈다. 신규 원전 가동은 2000년대 후반 홋카이도전력의 도마리 원전뿐이었지만, 전국 신문, 잡지, TV, 라디오에서의 선전 활동은 끊임없이 이어졌다. 특히 잡지 광고의 충실성은 무시무시했고, 연예인이나 저명인의 원전 견학기가 대량으로 게재되었다.

2000년대의 원전 PR의 특징으로서, NUMO(원자력발전환경정비기구)에 의한 광고 선전 개시를 들 수 있다. 그때까지 미

뤄왔던 방사성폐기물 문제가 드디어 심각해져서 TV CF
를 포함한 대규모 홍보활동을 전개했다. 즉 그동안 원전
프로파간다의 양축이었던 도쿄전력과 전사련에 NUMO가
가세해, 세 축에 의한 PR 체제가 확립한 것이다.

그 담당 구분은,

· 도쿄전력 : 간토권과 도쿄전력 관할원전(후쿠시마 · 아오모리
· 니가타) 입지 현에서의 홍보 활동
· 전사련 : 전국 대도시권, 원전 입지 현에서의 홍보 활동
· NUMO : 간토권 및 전국 각지에서의 최종 처리장 모집
고지

등으로 나뉘어 있었으며 그 홍보 활동을 지휘한 것이 덴
쓰다.

또한 NUMO는 전국 수십 개 장소에서 심포지엄을 실시
했고 그때마다 지방신문과 지역방송국에 광고를 내, 지역
보도기관을 포섭하려 했다. 3·11 이전에 실시된 심포지엄
에서는 반드시 그 지방의 지방신문을 공동주최 혹은 후원
하여, 그 신문사의 논설위원이나 국장급이 게스트로 출연

했다. 하지만 아직 처리장 후보로 손을 든 지자체는 없었다. 이 NUMO의 활동비(원전 사고 전에는 연간 약 40억 엔)도 원래는 모두 전기요금이며, 밑 빠진 독에 물을 붓는 격과도 같은 활동에는 비판이 거세다.

의식적으로 뉴스 프로그램을 지원

또한 3·11 직전까지 주요 TV방송국 뉴스 프로그램의 대부분을 도쿄전력, 전사련, NUMO가 분담하여 스폰서를 했다는 점도 놓칠 수 없다. 연간 통틀어 중복되지 않도록 방송을 협찬하여, 전략적으로 보도프로그램을 확보하고 있었던 것은 분명했다. 그러한 상황은 지방 방송국에서도 마찬가지였을 것이다. 프로그램을 협찬함으로써 원전에 대해 부정적인 뉴스가 나가지 않도록 감시한 것이다.

그리고 그때 내보낸 CM 대부분은 유명 연예인이 다수 출연했다. 전력회사의 CM은 출연료가 높았고, 심지어 다년 계약이 많아서 상당한 수입이 되었을 터이다. 하지만 원전 사고 후에 출연 연예인이 출연료를 반환했다는 이야기는 들은 적이 없다.

또한 2000년대는 플루토늄 열 사용 계획 실시에 맞추어 그것을 알리기 위한 광고도 늘어났다. 플루토늄 열 사용이라는 개념 설명부터, 변함없이 '절대안전'과 실시에 의한 장점을 선전했다. 도쿄전력, 간사이전력, 규슈전력은 각기 독자적으로 15단 광고 시리즈를 각지의 신문에 게재했다.

2000년대는 원전의 신규 가동이 거의 없었기에, 신문의 단수조사는 사고 직전인 2009년과 2010년만 실시했지만, 플루토늄 열 사용 계획의 실시 단계에 있었기에 전국적으로 광고 게재 수는 급증했다. 도오일보(아오모리)의 연간 676단(2010년)을 필두로 후쿠시마민보 · 민우(후쿠시마), 후쿠이신문(후쿠이), 니가타일보(니가타) 등에는 연간 400단 이상의 광고 게재가 이어졌다. 2009년은 13지구 합계로 4,364단, 2010년에는 3,731단이라는 광고량은 모두 역대 최대였다 (표1).

이처럼, 신규 원전의 가동이 없었는데도 매체 광고가 사라지는 일은 없었다. 도쿄전력의 보급개발관계비는 매년 200억 엔 이상이며, 축소될 기미는 없었다. 원전 프로파간다는 완전히 난숙했고, 어느덧 막을 수 없는 불도저

표1_2000~2010년 지역 신문의 전력회사 광고 게재 단수표

연도 신문(원전명)	2000	'01	'02	'03	'04	'05	'06	'07	'08	'09	'10	총합계
홋카이도 (도마리)								170	159	161	63	553
가호쿠 (오나가와)	199	249								364	294	1,106
도오(히가시도리, 롯카쇼무라)	192	735	503	617	591	691	297	470		646	676	5,418
후쿠시마민보 (후쿠시마제1·제2)										520	485	1,005
후쿠시마민우 (후쿠시마제1·제2)										432	340	772
이바라키 (도가이)												
니가타 (가시와자키카리와)										358	427	785
후쿠이(쓰루가· 미하마·오이 등)										467	579	1,046
홋코쿠 (시가)					247	117				272	269	905
시즈오카 (하마오카)					249					292	180	721
에히메 (이카타)										220	58	278
산인추오 (시마네)										195	151	346
사가 (겐카이)										224	125	349
미나미닛폰 (센다이)										213	84	297
연도합계	391	984	503	617	591	1187	414	640	159	4,364	3,731	13,581

*2000년대는 원전 신설이 거의 없었기 때문에 미조사기간이 많다.
2009, 2010년은 모든 현을 조사했다. 이바라키는 요미우리신문이
점유율 1위이기 때문에 미조사
*2004년은 미하마 원전, 2007년은 주에쓰(中越)지진으로 가시와자
키카리와 원전에서 사고발생

같은 파워로 언론을 침식했던 것이다.

'원전은 청정에너지'라는 허망

2000년대의 원전 프로파간다에서 중요한 키워드는 '원전은 이산화탄소를 배출하지 않는 청정에너지'라는 논리였다. 그때까지 원전은 자원이 없는 일본에게 귀중한 국산에너지(우라늄은 수입되므로 엄밀히 말하면 이것도 잘못된 것이다)이며, 안전하고 값싸다는 점이 기본 논리였는데, 1997년 교토의정서 채택 이후, 추진파는 지구환경보호라는 명분을 원전 추진에 크게 활용했다.

이른바 원전은 가동 시에 이산화탄소를 배출하지 않으므로 다른 발전 방식에 비해 환경 부하가 적다는 논리인데, 이것을 광고상에서 '원전은 지구 환경에 친화적이다', '원자력발전은 청정에너지' 등으로 과대하게 바꾸어 대대적으로 사용한 것이다. 이후 2000년대의 원전 광고에는 반드시 '청정에너지'라는 문구가 들어가게 되었다.

하지만 이것은 완전히 잘못된 정보다. 발전 시에 이산화탄소를 배출하지 않는다는 점 하나만 빼면, 애초에 원전 건설에 따르는 거대 공사로 자연환경을 파괴했고 발전을 통해 대량으로 배출되는 방사성폐기물은 맹독성으로, 처리도 불가능하거니와 처리장도 없다. 즉 발전하면 할수록 자연환경을 파괴하므로, 청정과는 정반대인 존재를 '친환경'이라고 말해왔으니 과대광고보다는 허위광고였다.

하지만 언론은 그 사실을 거의 체크하지 않고 계속 게재했다. 특히 여성이나 젊은 층을 대상으로 한 소구에서는 효과기 컸기에, 수많은 광고에 '청정에너지'라는 말이 난무했다.

하지만 2008년에 잡지 『소토코토ソトコト』에 게재된 전사련의 광고에 있던 '원자력발전은 청정한 에너지를 만드는 방법'이라는 카피에 대해 JARO(일본광고심사기구)가 '발전 시에 이산화탄소를 배출하지 않는 것만을 두고 "청정"이라고 표현해서는 안 된다'고 결론 내렸기에, 그 이후 광고 표현에서는 안이한 '청정에너지' 표현은 감소했다. 하지만 그때까지 유포된 이미지는 절대적이었고, 지금도 그 '거짓말'의 영향은 불식되지 않았다.

2015년이 되어, 원전의 재가동추진을 위해 정부는 다시금 원전은 발전 시에 이산화탄소를 배출하지 않는다고 말하기 시작했다. 나아가 일본이 교토의정서 등의 엄격한 감축 수준을 지키지 않으면 세계에서 소외되는 것처럼 떠들어대는 주장도 있으나 애초에 이 의정서에는 중국과 미국 같은 이산화탄소 배출량 세계 1위와 2위 국가가 빠져 있는 데다, 원전 사고로 국가의 존속 자체가 위험에 빠진 일본이 비난받는 것은 당치도 않다.

게다가 일본의 이산화탄소 배출량은 세계의 약 4% 정도이므로 가령 지금 중지 중인 원전을 풀가동하여 그 4%를 감축하더라도 세계의 대세에는 거의 영향을 주지 않는다. 온난화 방지를 위해 노력해야 하는 것은 당연하지만 만약 다시금 후쿠시마와 같은 사고가 일어난다면 그때는 틀림없이 국가 존망의 위기에 빠진다. 세계의 대세에 영향이 없는 이산화탄소 배출량 감축을 위해 위험한 원전을 재가동시키는 것은 비교할 수 없을 정도로 어리석은 행위다.

도쿄전력 사고 은폐(2002년)와 TV방송 스폰서 전략

2002년 8월 29일, 도쿄전력의 사고 은폐가 발각되었다. 후쿠시마 제1, 제2, 가시와자키카리와의 원전 17기 중 13

기에서 노심 슈라우드의 균열과 제트펌프의 마찰 등을 은폐한 사건으로, 부정은 다른 전력회사에서도 속속 발각되었다. 이 사건으로 인해 2003년 4월 15일부터 5월 7일 가시와자키카리와 원전 운전 재개까지 도쿄전력의 원전 17기는 전부 정지했지만 물론 윤번 정전이나 전력 부족 등은 일어나지 않았다.

이 문제 은폐까지 약 5년간, 도쿄전력의 보급개발관계비는 연간 약 240억 엔으로 안착했다. 하지민 2002년에는 사고의 영향으로 203억 엔으로 감소, 2003년도 213억 엔이었지만 사건의 기억이 옅어진 2004년에는 갑자기 268억 엔으로 증가했다. 또한 2004년에 후쿠이 현의 간사이전력 미하마 원전 3호기 사고가 발생하여 이듬해인 2005년에는 293억 엔으로 역대 최고 금액을 기록한다. 체르노빌 후의 보급개발관계비 급상승과 마찬가지로 이번에는 국내 문제 은폐에 의해 실추된 이미지를 돈의 힘으로 만회하려 한 것이다.

횟수를 거듭하는 사고 은폐와 사고 보도에 질린 원자력무라는 2000년대에 민간 TV 방송국의 대對보도 프로그램 시프트를 철저히 감시했다. 도쿄에 있는 주요 방송국의 저녁 뉴스 프로그램에 막대한 스폰서 비용을 지급함으로써 원전에 대한 부정적인 보도를 견제한 것이다.

민간방송의 경우 시청률이 낮은 뉴스 프로그램은 '골든 타임'이라 불리는 시청률이 높은 19시부터 23시까지의 시간을 제외하고 편성했다(TV아사히의「보도스테이션報道ステーション」등은 예외). 예능 프로그램에 비해 시청률이 낮기 때문에 보도 프로그램은 스폰서를 모으기가 어려워서 모든 방송국이 힘겨워한다. 당연히 일부러 그 시간대에 손을 들어주는 전력회사는 매우 고마운 존재였다. 심지어 주요 방송국이라면 연간 스폰서 비용도 수억 엔에서 수십 억 엔에 이르므로 그 입김은 다른 시간대의 보도 프로그램에까지 미친다. 귀중한 스폰서를 잃고 싶지 않은 방송국은 자연히 원전에 관한 보도를 줄였다.

또한 잊어서는 안 되는 것이, 일본의 경우 방송국은 신문사와 자본이 연결되어 있는 곳이 많다는 점이다. 즉 경영선의 '자숙자세'는 신문사에까지 영향을 끼치게 된다. 즉 '대보도 프로그램 시프트'란 방송국을 관리함으로써 신문사 보도에까지 영향을 끼칠 수 있는, 일석이조 작전이었다 할 수 있다(表2,3).

표2_프로그램 스폰서 시프트의 예 2009년

	닛테레	TBS	후지	TV아사히	TV도쿄
월					
12:00–14:00		딩동! 데레코 전사렌(30초)		와이드! 스크램블 전사렌(30초)	
14:00–16:00					
16:00–19:00			FNN 수퍼뉴스 TV CF NUMO(30초)		
19:00–23:00					
23:00–24:00		NEWS 23(간토권) TV CF 도쿄전력(30초)			
화					
12:00–14:00					
14:00–16:00					
16:00–19:00					
19:00–23:00		빗탄코칸칸 NUMO(30초)			개운무엇이든 감정단 도쿄전력(30초)
23:00–24:00					
수					
12:00–14:00		딩동! TV CF 전사렌(30초)			
14:00–16:00					
16:00–19:00			FNN 수퍼뉴스 TV CF NUMO(30초)		
19:00–23:00					
23:00–24:00	NEWS ZERO 전사렌(30초)	NEWS 23(간토권) TV CF 도쿄전력(30초)			
목					
12:00–14:00					
14:00–16:00					
16:00–19:00					
19:00–23:00				보도 스테이션 (간토권)도쿄전력(30초)	
23:00–24:00					
금					
12:00–14:00		딩동! TV CF 전사렌(30초)			
14:00–16:00					
16:00–19:00					
19:00–23:00			FNN 수퍼뉴스 TV CF NUMO(30초)		
23:00–24:00		NEWS 23(간토권) TV CF 도쿄전력(30초)			
토					
12:00–14:00					
14:00–16:00					
16:00–19:00					
19:00–23:00					
23:00–24:00					
일					
12:00–14:00					
14:00–16:00					
16:00–19:00	진상보도 반키샤! (간토권)도쿄전력(30초)				도코톤하테나 도쿄전력(2분)
19:00–23:00					
23:00–24:00		J스포 간덴코(關電工)(30초)			

표3_프로그램 스폰서 시프트의 예 2011년

	닛테레	TBS	후지	TV아사히	TV도쿄
월					
12:00–14:00				와이드 스크램블 전사련(30초)	
14:00–16:00					
16:00–19:00					
19:00–23:00			네프리그 도쿄전력(30초)		
23:00–24:00					
화					
12:00–14:00		히루오비 전사련(30초)			
14:00–16:00	정보라이브미야네아 (간토권)도쿄전력(30초)				
16:00–19:00	NNN news every TV CF 도쿄전력(30초)				
19:00–23:00					개운무엇이든 감정단 도쿄전력(30초)
23:00–24:00					
수					
14:00–16:00					
16:00–19:00					
19:00–23:00					
23:00–24:00				시루시루미시루 도쿄전력(30초)	
목					
14:00–16:00	정보라이브미야네아 (간토권)도쿄전력(30초)				
16:00–19:00	NNN news every TV CF 도쿄전력(30초)				
19:00–23:00					
23:00–24:00				보도 스테이션 (간토권)도쿄전력(30초)	
금					
14:00–16:00					
16:00–19:00					
19:00–23:00					
23:00–24:00	NEWS ZERO 전사련(30초)				
토					
14:00–16:00					
16:00–19:00		보도특집&뉴스 도쿄전력(30초)		ANN 수퍼 J채널 도쿄전력(30초)	
19:00–23:00					
23:00–24:00			LIVE2010뉴스&SPORT! 전사련(30초)		
일					
14:00–16:00					
16:00–19:00	진상보도 반키샤! (간토권)도쿄전력(30초)				도코톤하테나 도쿄전력(2분)
19:00–23:00					
23:00–24:00		S☆1 간덴권(30초)			

표4_원전 PR의 유명인 오피니언리더도수
'MyNewsJapan' 제공

순위	출연자	오피니언도	회사명	방송기간
1위	가쓰마 가즈요	252	주부전력	2011/2/12 ~2011/3/11
2위	호시노 센이치	32	간사이전력	2009/11/1 ~2011/3/11
3위	구사노 히토시	31	도쿄전력	2010/12/13 ~2011/1/17
4위	다마키 히로시	13	시코쿠전력	2006/7/1 ~2008/7/1
5위	기타무라 하루오	6	주부전력	2011/2/12 ~2011/3/11
6위	오카에 구미코	3	NUMO	2008/10/1 ~2011/3/11
6위	와타세 쓰네히코	3	NUMO	2008/10/1 ~2011/3/11
8위	에구치 도모미	2	주부전력	2010/6/1 ~2010/9/1
8위	가니세 세이이치	2	호쿠리쿠전력	2005년 3월 ~2006년 12월경
10위	오쓰키 요시히코	1	주부전력	2010/6/1 ~2010/9/1
10위	야쿠마루 히로히데	1	주부전력	2011/2/12 ~2011/3/11

유명인을 기용한 TV · 라디오 CM

TV나 라디오 프로그램에서 나간 CM에는 실로 수많은 연예인과 저명인이 출연했다. 작가인 사타카 마코토佐高信 씨가 『원전문화인 50인 참수原発文化人50人斬り』에 정리했는데 이 인원은 방대한 숫자에 이르며 이 책에서는 마이뉴스재팬MyNewsJapan이 독자적으로 집계한 표를 인용하겠다.

표4는 원전 PR을 목적으로 하는 CM(2006년~2011년에 방송된 것)에 나온 유명인 열한 명을 선별하여 '오피니언리더도수' 순으로 순위화한 것이다. 정량화에 있어 2006년 4월 1일~2011년 3월 11일의 전국신문(아사히, 요미우리, 마이니치, 닛케이, 산케이)에서 기사 제목에 이름이 나온 수(연재기사, 특집기사, 인터뷰기사)의 합계를 '오피니언도'라고 정의한다. 모두 유명인으로 지금도 변함없이 활약하고 있는 사람들이다.

하지만 3·11 이전에도 원전 광고에는 출연하지 않겠다는 연예인이 실은 더 많았다. 체르노빌 이후에는 특히 그 경향이 두드러졌다. 광고대행사는 원전 광고에 출연할 수 있는 인재를 찾는 데 늘 어려움을 토로했다. 그러므로 어느 정도 이름이 팔린 사람이 출연 가능해지면 장기간 계약으로 이어지곤 했다. 오카에 구미코岡江久美子 씨와 와타세 쓰네히코渡瀬恒彦 씨의 NUMO 출연이 그 일례이다.

이 리스트에 있는 사람 대부분은 지금도 화려한 세계에서 생활하고 있다. 하지만 그들이 미소 지으며 선전한 원전이 사고를 일으킴으로써, 사고 후 5년이 지나도 피난지의 가설주택에 사는 사람들이 수만 명에 이른다. 그러나 이 리스트에 이름을 올린 사람들이 사재를 털어 피해자를 구제하려 했다는 이야기는 한 번도 들어본 적이 없다. 그들은 지금 원전 CM에 출연한 것을 어떻게 생각하고 있을까.

NUMO의 기만

2000년대부터 광고 출고를 개시한 NUMO가 펼친 선전 전략의 특징은 전국의 지역 신문을 구슬리는 설명회(심포지엄) 개최였다. 설명회와 지역 신문·지역 방송국에 대한 광고 출고가 세트를 이루어 지방 언론에 편의를 공여하며 비판을 막는 구조였다.

현재는 예산 삭감의 여파로 별 볼 일 없게 되었지만, 3·11 이전의 심포지엄은 손님을 끌어모으는 팬더처럼 연예인이나 저명인에게 강연하게 한 후에, 토론하는 것이 정형적 방식이었다. 핵폐기물 최종 처리장의 필요성을 설명한 후, '여러분도 함께 생각해주세요'라고 회장에 모인 사람들에게 호소한다. 하지만 당연하게도 '그럼, 우리가 사는 곳에 지으세요' 하며 손을 드는 사람은 없다. 그래도 NUMO로서는 '주지 활동'을 한 것이므로 소임은 다했다고 볼 수 있다. 이 방법은 지금도 여전히 전개되고 있다.

구체적으로 어떤 현에서 심포지엄을 연다면, 우선은 개최를 알리기 위해 지역 신문에 5~6단 광고를 여러 번 낸다. 그리고 TV나 라디오에도 CM을 방송하여 동원을 꾀한다. 당일 패널리스트로는 NUMO 직원이나 연예인, 그리고 지역 신문의 논설위원 등도 출석하여 필요성과 안전성을 강조하며 '여러분도 함께 생각해봅시다'라는 말을 하게 한다. 그 모습을 지역 방송국이 저녁 뉴스 등에서 내보내고, 마무리는 며칠 후 신문 지면의 일면 등에서 크게 '사후고지'를 기사풍 광고로 게재한다. 즉 지역 신문은 두 번, 세 번 득을 보는 구조인 것이다(그림1). 그리고 당연하지만 그 은혜를 입은 신문에는 최종처리장의 위험성이나 우려 등을 지적하는 기사는 전혀 게재되지 않는다.

그림1_2011년 2월 28일 시코쿠신문 10단(컬러)
사고 이전에 지역 신문에 게재된 지면의 일례.
각지에서 좌담회나 심포지엄을 개최하여 신문에 게재했다.

하지만, 그러한 노력을 연 수십 회, 10년 이상이나 실시
했음에도 아직 어느 곳도 입후보한 예가 없다(고치高知 현 도
요초東洋町는 정식 입후보가 아니었다). 즉 실적이 0인 사업인 것이다.
일반적인 기업 활동이었다면 효과가 전혀 없으니 비판받
았을 것이다. 관제 사업이었다 해도 벌써 폐지되었을 사

업이 원전 사고 후에도 마찬가지로 계속되고 있는 것이다.

NUMO의 활동 비용은 2000년부터 2012년까지 12년간 총액 487억 엔에 이른다는 것이 아사히신문에 의해 밝혀졌으며, 원전 사고가 일어난 2011년도에도 광고비는 8억, 인건비로 12억 엔이나 들었다. 참고로 2011년도의 NU-MO의 임원은 여섯 명으로 둘은 경제산업성, 넷은 전력회사 출신이며, 한 사람당 평균 2,000만 엔의 보수를 받았다. 아무런 실적도 올리지 못한 사업치고는 놀라울 만큼 많은 액수다.

그렇게 안전하고 필요하다고 주장했음에도 불구하고 몇 번이고 심포지엄에 출연하여 고액의 출연료를 번 연예인이나 안전하다고 주장한 논설위원, 혹은 NUMO의 임원들이 '꼭 제가 사는 곳에 들어왔으면 좋겠다'고 손을 드는 자는 단 한 명도 없었다. 연간 약 40억 엔을 눈 뜨고 버리는 것과 같으니, 이만큼 기만에 찬 활동도 드물지 않을까? 심지어 전력회사가 비용을 부담하면 몰라도 여전히 전기요금을 부정 유출하여 실시하는 것이다. 결국 이 단체는 최종처리장이 결정되지 않는 한 헛된 돈을 쓰는 것이 자기목적화되어 있는 것은 아닐까.

그리고 이 말도 안 되는 헛된 돈 쓰기는 현재도 지속되고 있다. 예산 규모는 축소되었지만, 2014년에도 전국 29개소에서 개최된 모습을 NUMO의 홈페이지에서 확인할 수 있다. 그리고 놀랍게도 후원으로 교도통신사共同通信社가 붙어 있다.

지역 신문의 지면은 교도통신사나 지지통신사가 제공하는 기사에 의지하고 있으므로 그 의미는 매우 크다. 즉 교도통신사가 후원하고 있는 사업이라면 지역 신문은 공동주최를 거절하기 힘들고, 비판하기도 힘든 구조이기 때문이다. 보도기관인 교도통신사가 이러한 비판이 많은 활동을 후원하는 것은 보도의 공평성을 생각할 때 매우 중요한 문제를 품고 있다고 하지 않을 수 없다.

유명 잡지도 싹쓸이

2000년대의 원전 잡지 광고의 특징은 이른바 '타이업tie-up 광고'의 급증이다. 단순히 광고주의 이름이 들어가는 보통 광고와는 달리 이 '타이업 광고'는 광고주와 잡지사가 협력하여 광고지면을 만든다. 구체적으로는 광고주가 광고비와 원고제작비를 부담하고 잡지사 측에서 광고원고를 제작한다. 게재료가 고액인 컬러페이지나 복수페이지의 경우가 많으며, 잡지사는 게재료에 더해 원고제작비를 받을 수 있는 데다 잡지의 분위기에 걸맞은 광고지면을 만들 수 있다는 이점이 있다. 또한 광고주에게는 연예인이나 저명인이 대담 형식 등으로 자사 제품을 이야기하는 스타일은, 한눈으로 광고라는 것을 알 수 있는 페이지보다 독자가 읽어줄 기회가 많기 때문에 귀중히 여겨진다.

또한 잡지사에 따라서는 광고주의 사명을 명기하지 않고 광고 원고 마지막에 '협력ㆍㅇㅇ주식회사'라고만 표기하는 경우도 있으므로 마치 잡지사가 독자적으로 그 상품을 추천하고 있는 것처럼도 보인다. 다른 기사와 구분이 잘 되지 않기 때문에 '기사풍 광고'라고도 불리는데 독자는 광고인지 기사인지 구분하기 힘들고, 마지막까지 읽고서야 겨우 광고라는 사실을 알게 된다. 이런 형식의 기사에는 비판이 끊이지 않는다.

따라서 원자력 무라는 이 '기사인지 광고인지 알기 힘든 형식'을 충분히 활용했다. 연예인이나 유명인사가 전력회사의 간부와 대담하거나, 원자력 시설을 방문ㆍ견학한 후

표5_원전 광고 게재 전국지 순위
(2010년 4월 1일~2011년 3월 31일) 'MyNewsJapan' 제공

순위	신문사	원전 전면광고 게재 횟수
1위	요미우리신문	10회
2위	산케이신문	5회
3위	닛케이신문	3회
4위	마이니치신문	2회
5위	아사히신문	1회

감상을 이야기하는 형식의 타이업 광고가 급증했다.

10년을 하루같이 원자력발전소의 외관 그림만 올리면 금방 질릴 테고, 내부의 무미건조한 정밀기계 그림도 일반인의 흥미를 끌 수 없다. 하지만 유명인의 웃는 모습이나 유명인이 흥미를 가졌다고 소개하는 기술이 있다면 독자의 흥미를 끌 수 있다.

그러나 광고라는 점에 변함은 없으므로 그 미소는 카메라맨이나 디렉터의 지시로 만들어진 것이고, 문장은 연예인 본인이 쓴 것이 아니라 전문 모두 카피라이터의 손을 거친 것이다. 즉 '광고로 보이지 않도록 궁리한 광고'다.

표6_원전 광고 게재 잡지 순위
(2010년 4월 1일~2011년 3월) 'MyNewsJapan' 제공

순위	잡지사	원전 광고수(페이지수)
1위	우시오	24
2위	후진코론	20
3위	분게이슌주	12
4위	WEDGE	11
4위	슈칸신초	11
4위	슈칸다이아몬드	11
7위	슈칸도요게이자이	9
7위	프레지던트	9
9위	슈칸겐다이	8
10위	슈칸아사히	6
10위	슈칸포스트	6

그것이 궁극의 광고 작품이라는 사실을 일반 독자는 미처 알지 못한다. 바로 그것이 그 광고의 목표인 것이다.

보도사이트 'MyNewsJapan'의 조사에서 2010년 4월부터 2011년 3월(원전 사고 직전까지)에 원전 광고를 게재한 신문사나 잡지가 밝혀졌는데(표5, 표6), 그 대부분이 이러한 '타이

업 광고'였다. 사고 후에는 눈 깜짝할 새에 자취를 감췄지만 2013년경부터 『슈칸신초週刊新潮』나 산케이리빙 신문사 등에서 부활했다. 2014년부터는 요미우리신문이나 산케이신문에도 빈번하게 게재되고 있다.

도쿄전력 후쿠시마 제1 원전 사고에 의한 프로파간다의 정지(2011년)

앞에서 밝힌 것처럼 2011년 3월 11일 동일본대지진에 의한 후쿠시마 원전 사고 발생 직전까지 원전 프로파간다는 난숙의 극치를 달렸다. 원전 입지 현의 네 개 매체에서는 대량의 원전 광고를 내보냈고, 전국 신문이나 잡지에서도 타이업 광고 등이 수없이 게재되었다.

그렇다고 체르노빌 원전 사고의 기억은 사라지지 않았고, 일본 국내 원전에서도 수많은 사고나 고장이 반복되었기에 국민 여론에는 강한 '원자력 알레르기'가 있었다. 그것은 2009년 12월 홋카이도전력 도마리 원전 3호기의 가동을 마지막으로 신규 원전의 건설은 아오모리 현의 오마大間 원전 1기뿐이었고 다른 곳은 건설 계획이나 용지 매매조차 신통치 못한 상황에 확실히 나타나 있다.

그러한 국민의 원자력 알레르기를 어떻게든 없애기 위해 원전 프로파간다가 열렬히 전개되었다. 거액의 광고비 투하에 의한 매체 포섭 공작으로, 원전 행정을 문제시하는 보도는 거의 없어졌지만, 국내의 새로운 원전 건설은 후보지 주민의 이해를 얻지 못하고 그 대부분이 좌절되었다. 그러한 사태를 타개하기 위해 원자력 무라는 '원자력 르네상스(혁명 · 혁신)'라는 새로운 캐치프레이즈를 내걸고 노후화한 원전 교체를 비롯해, 한층 나아간 원전 정책 추진을 목표로 삼았다. 원자력 무라는 새로이 '원자력 르네상스 간담회'라는 단체까지 만들어 대대적인 전개를 기획하고 있었다(현재는 '에너지 · 원자력 정책 간담회'라고 이름을 바꾸고 축소화했다).

또한 '원자력 3대 기업'의 하나인 도시바는 자사가 원자력 제조업체라는 것을 전면으로 내건 광고 전략을 개시하여 2010년경부터 다양한 형태의 광고를 신문이나 잡지에 게재했다. 원자력 무라가 한발 더 나아가려고 적극적인 자세를 취한 바로 그때, 후쿠시마 제1 원전 사고가 터진 것이다.

후쿠시마 제1 원전 사고의 충격

2011년 3월 11일에 발생한 동일본대지진에 의해 후쿠시마 제1 원전은 제어 불능 상태에 빠졌고 점차 심각한 상황이 전해졌지만, 오랫동안 원전 프로파간다에 푹 빠져 있던 대형 언론은 당초, 정확한 정보 분석을 할 수 없었다. 특히 민간방송은 10년 넘게 원전을 터부시해왔기 때문에 원전에 관련한 인맥은 원자력 무라의 입김이 들어간 어용학자뿐이었다. 따라서 비판적 시점에서 말할 수 있는 인재가 없었다. 그래서 사고 후 3월 말경까지도 멜트다운이나 도쿄전력 비판을 삼갔다. 그런 가운데 뉴스 해설에서 가장 빨리 멜트다운의 위험성을 지적한 것은 NHK의 미즈노 노리유키水野倫之 해설위원이었다.

사고 발생 직후부터 미디어의 두목 역할을 한 덴쓰는 도쿄전력 홍보와 함께 각 언론사를 돌아다니며 도쿄전력에 비판적인 보도를 견제했지만, 사고의 전모가 드러남에 따라 정보 통제를 포기하고 약 한 달 후에는 서둘러 사내 도쿄전력 담당 팀을 해체했다.

한편 도쿄전력은 지금까지 행해오던 것과 같은 수법을

꾀하며, 신문광고나 TV CF를 이용하여 상황을 설명하고 사태를 진정시키려 했다. 3월 18일에는 아사히 · 요미우리 · 마이니치 · 닛케이 · 산케이 등의 전국신문과 간토 북쪽 지역 신문에서 일제히 '절전에 더욱 힘써 주시기를 부탁드립니다'라고 쓰인 15단 광고를 게재하여, 그것만으로도 넉넉히 3억 엔 이상을 썼다. 사고 상황을 설명하는 기자회견에서 닛케이신문 기자가 사고를 일으킨 도쿄전력의 가쓰마타勝俣 회장에 대해 "가쓰마타 회장님은……(일본에서는 직책이 경칭이므로 일반적으로 '님'을 붙이지 않음-역자 주)"이라는 어중간한 태도로 질문하여 실소를 자아낸 것도 이 무렵이다.

도쿄전력은 이후 TV와 라디오에서 사고의 사죄와 절전을 요구하는 '사죄 CM'을 내보내기 시작했으나, 시시각각 사태가 악화하여 수많은 주민이 피난해야 하는 상황에서 광고를 내보내는 것에 대해 비난이 쇄도하자 결국 3월 22일 후쿠시마민보와 민우에 '도쿄전력이 드리는 사죄문'(그림2)이라는 제목의 도쿄전력이 내는 마지막 15단 광고를 게재했다. 연간 300억 엔 가까이 광고비를 지출해온 기업이 단 한 번의 중대 사고로 결국 그 프로파간다 활동을 모두 중지한 것이다.

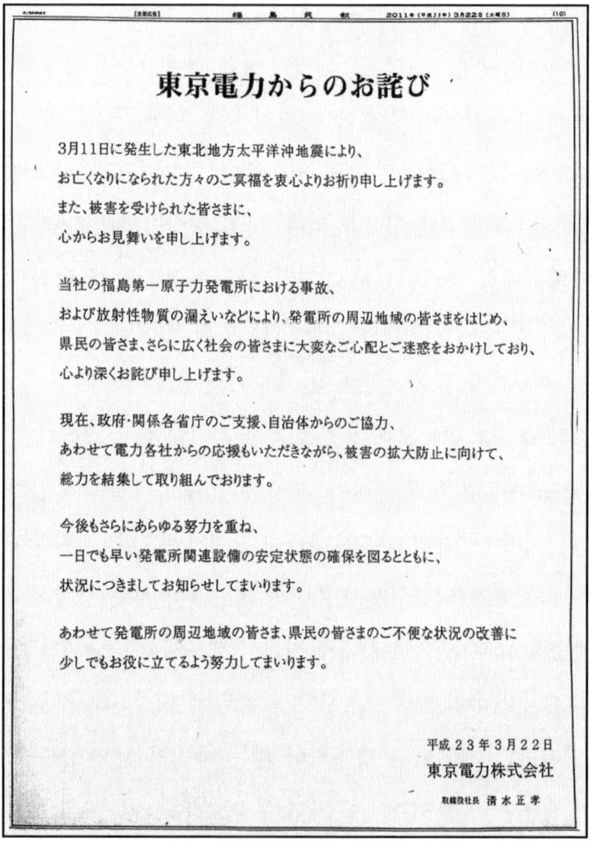

東京電力からのお詫び

3月11日に発生した東北地方太平洋沖地震により、
お亡くなりになられた方々のご冥福を衷心よりお祈り申し上げます。
また、被害を受けられた皆さまに、
心からお見舞いを申し上げます。

当社の福島第一原子力発電所における事故、
および放射性物質の漏えいなどにより、発電所の周辺地域の皆さまをはじめ、
県民の皆さま、さらに広く社会の皆さまに大変なご心配とご迷惑をおかけしており、
心より深くお詫び申し上げます。

現在、政府・関係各省庁のご支援、自治体からのご協力、
あわせて電力各社からの応援もいただきながら、被害の拡大防止に向けて、
総力を結集して取り組んでおります。

今後もさらにあらゆる努力を重ね、
一日でも早い発電所関連設備の安定状態の確保を図るとともに、
状況につきましてお知らせしてまいります。

あわせて発電所の周辺地域の皆さま、県民の皆さまのご不便な状況の改善に
少しでもお役に立てるよう努力してまいります。

平成23年3月22日
東京電力株式会社

取締役社長 清 水 正 孝

그림2_2011년 3월 22일 후쿠시마민보 15단 도쿄전력

증거인멸에 혈안이 된 프로파간디스트들

그 후 사고의 심각성이 밝혀짐과 동시에 원전 프로파간다에 참여했던 기업이나 단체는 탈토脫兎와 같은 기세로 증거인멸에 박차를 가했다. 원자력 무라 관련 단체는 지금껏 홈페이지상에 잔뜩 게재되어 있던 원전 CM이나 신문 광고, 포스터 등의 이미지를 일제히 삭제한 것이다.

사고 이전, 도쿄전력 홈페이지상에는 다양한 원전 추진 광고가 게재되어 있었으나 일제히 삭제되어 2006년부터 신문이나 잡지 광고와 연동시켜 홈페이지상에서 전개해온 만화 형식의 에너지 계몽 기획 '히가시다 겐東田研에게 물어봐 에너지와 마주하자(히로카네 겐시弘兼憲史)'도 일찍이 3월 말에 삭제되었다. 히로카네 씨는 만화가 중에서도 원전 추진에 열심인 인물로 유명한데 전국 각지에서 개최된 원전 심포지엄에도 게스트로 출연했다. 또한 그의 대표작이라 불리는 '시마부장 시리즈'인 『전무 시마코사쿠專務 島耕作』 제2권(2007년)에서는 주인공이 '몬주'를 견학한 후 그 필요성을 이야기하는 장면까지 등장한다.

더욱이 원전 프로파간다의 총본산인 전사련조차 원전

그림3_2011년 2월 요미우리 · 닛케이신문 15단(컬러)

에 비판적인 기사를 역공하며 반론을 펼친 '전기의 정보광장'의 과거 기사를 모조리 삭제했다. NUMO도 과거의 신문광고나 CM 기록을 홈페이지에서 전부 삭제했다. 그리고 자원에너지청도 홈페이지에 게재된 어린이 대상 애니메이션 「나가자! 원자력 시대!すすめ！原子力時代」등을 삭제했다. 또한 2010년부터 대량 원전 광고를 내보냈던 도시바도 자사 홈페이지의 광고라이브러리에서 원전에 관한 광고 이미지(그림3)를 삭제했다.

그러한 증거인멸에 혈안이 된 것은 원자력 무라 관련 단체만은 아니었다. 놀랍게도 대형 신문사나 잡지사의 과거 게재 광고 사례집에서도 원전 광고가 삭제되었다. 사고 전년에 열 번이나 원전 광고를 게재한 요미우리신문조차 자사 광고 게재 사례에서 도쿄전력의 원전 광고를 삭제했다. 이처럼 원전 PR에 가담한 프로파간디스트들의 당황하는 모습은 마치 전쟁에 패한 나라가 서둘러 전쟁범죄 기록을 소각하는 것과 닮았다.

이들 단체나 기업이 각각이 관여한 증거를 모조리 삭제한 것은 분명 뒤가 켕기는 기분이 들었기 때문이다. 막대한 자금을 투입하여 만들어온 광고는 모두 거짓말이었던 것이다.

그렇게까지 절대 안전하다고 큰소리치며 청정하다는 등의 환상을 뿌려왔는데 사고가 일어나자 그 증거를 지워야 할 정도로 자신들의 말에 책임도 자부심도 가지고 있지 않았다. 돈에 혼을 팔아서 쉽게 만들어온 작품들은 자금이 끊기자 인연도 끊긴 것처럼 깔끔하게 어둠속에 묻혀버렸다. 그곳에는 열렬하게 국민을 '설득해온' 책임감도 사명감도 없었나. 지금까지의 체제가 붕괴함에 따라 서둘러 증거인멸을 꾀하는 모습은 그야말로 그것이 악한 프로파간다였다는 것을 여실히 증명한 셈이었다.

2013년 3월 24일 도오일보 30단 전사련 · 일본원연

제5장
부활하는 원전 프로파간다
(2013~)

신화의 붕괴와 부활에 대한 태동

2011년 3월 11일 도쿄전력 후쿠시마 제1 원전 사고에 의해 그 직전까지 난숙의 극치를 달렸던 원전 프로파간다는 그 날을 기해 붕괴했다. 그러나 사고 후 세월이 흘러 프로파간다는 점차 부활하고 있다. 이 장에서는 그러한 움직임을 검증하려 한다.

딩초 사고의 선모가 판명되지 않고 그때까지 원자력 무라의 속박하에 있었던 TV매체는 좀처럼 도쿄전력 비판으로 방향을 틀지 않았다. 사고 직후부터 도쿄전력과 덴쓰의 담당자가 2인3각으로 전파언론에 한동안은 추궁하지 말라고 머리를 숙이며 돌아다녔기 때문이다.

동일본대지진 직후의『슈칸겐다이週刊現代』(고단샤講談社) 3월 12일호(3월 5일 발매호)에는 코미디언인 아사쿠사키드浅草キッド가 내비게이터를 맡은 '봤다! 들었다! 원자력발전 최전선'이라는 기사풍 광고가 게재되었는데 이러한 원전 예찬 광고는 이것이 마지막이었다.

도쿄전력은 사고 발생 2개월 후인 같은 해 5월 말까지 멜트다운을 인정하지 않았는데 광고비의 속박이 풀린 대부분의 언론은 그 위험성을 지적하기 시작했다. 문제는 도쿄전력이 멜트다운을 인정했느냐 아니냐가 아니라 현실에서 눈앞에 펼쳐지고 있는 후쿠시마 제1 원전의 현 상황이었다.

직전까지 원전 광고를 게재했던 『슈칸겐다이』는 사고 후 편집방침을 180도 전환하여 원전 사고 정보를 최대한 내보내기 시작했다. 그러나 발행일이 같은 경쟁지 『슈칸포스트週刊ポスト』(쇼가쿠칸小学館)는 반대로 원전 관련 기사를 줄였다. 같은 소스를 바탕으로 같이 추적해봐야 지면상에 차이가 나오지 않는다는 편집방침이 있었을지도 모르지만 이 차이는 매우 크게 두드러졌다. 최종적으로 3월 19일 발행호부터 6월 25일 발행호까지 두 잡지에서 게재한 원전 보도 기사의 총량은

- 『슈칸겐다이』 614페이지
- 『슈칸포스트』 180페이지

라는 압도적인 차가 발생했다. 또한 그 후, 고단샤와 쇼가쿠칸에서는 원전 관련 저작물의 발행수에서도 현저한 차

이가 나왔다. 즉 2012년 3월까지 대형 출판사의 원전 관련 도서 수를 비교하면

· 고단샤　　　 67권　(원전 사고 이후에 27권)

· 쇼가쿠칸　　 13권　(원전 사고 이후에 7권)

· 분게이슌주　 21권　(원전 사고 이후에 12권)

· 슈에이샤　　 24권　(원전 사고 이후에 13권)

· KADOKAWA　 6권　(원전 사고 이후에 2권)

· 고분샤　　　 9권　(원전 사고 이후에 2권)

· 다카라지마샤 41권　(원전 사고 이후에 33권)

이라는 결과가 나왔다(아마존에서 조사, 그 후 더욱 증가. 이와나미서점은 3·11 이전부터 다수 출간되었기 때문에 미조사). 어느 출판사가 원전 문제에 힘을 쏟았는지 한눈에 알 수 있다. 이것은 원전 사고에 대해 어떻게 대처하는가, 라는 기업의 자세 차이가 여실히 드러난 것이다.

원전 프로파간다의 핵심이었던 도쿄전력은 그 후 막대한 사고처리와 배상금을 부담할 수 없어 사실상 국유화되었다. 민주당 정권하에서 원전은 모두 정지되었고, 전력

회사는 일제히 적자로 전락했기에 3·11 이전과 같은 노골적인 원전 예찬 광고는 모습을 감추었다. 하지만 아오모리 현 롯카쇼무라 관련에서는 그 후 곧바로 원전 광고가 부활했으며 오나가와나 도카이 등에서는 자잘하게 신문에 끼는 전단 등이 배포되어 현재에 이른다.

그런 가운데 내가 확인한 최초의 커다란 원전 광고의 재개가 2013년 3월 24일에 전사련과 일본원연이 도오일보에 게재한 30단 광고였다(187쪽 그림). 풀컬러 양면(도오일보의 정가로 550만 엔 이상)인데 원전이라는 말이 거의 나오지 않는 묘한 광고였지만 일본 국민에게 인기가 많은 인공위성 '하야부사はやぶさ'의 책임자를 게스트로 초청해 원전 프로파간다의 간판이었던 고즈 간나神津カンナ 씨가 이야기를 듣는 체제로, 그 구석구석에 원전 예찬을 담은 회심의 역작이었다. 구체적으로는,

"실패야말로 성장의 열쇠"
"성공 체험은 방심을 낳지만
  실패는 성장의 원동력이 된다"
"국가의 자립에 없어서는 안 될 기술이 있다"

와 같은 원전을 상기시키는 카피를 눈에 띄지 않게 넣어서 최종적으로는 "'하야부사'도 수많은 시련을 뛰어넘어 성공했다. 그러므로 원전도 성공할 수 있다'는 결론을 내리고자 했다.

그 표현이야말로 여론을 자극하지 않으려 하는 원자력 무라의 고충을 나타낸다. 취재한 바로는 지면을 구상한 곳은 도오일보의 자회사였다. 즉 원전 사고 후에도 도오일보의 원전 예찬 자세에는 아무런 변화가 없다는 증명이기도 했다.

『슈칸신초』에 게재된 원전 광고

앞에서 말한 도오일보의 광고는 도호쿠 지방에서만 볼 수 있는 것이었지만, 사고 후 3년이 지나 전사련은 드디어 메이저 잡지에 광고를 부활시켰다. 2014년 1월부터 『슈칸신초』에 부정기 게재되고 있는 전사련에 의한 광고는 왕년의 원전 광고를 방불케 하는 것이었다. 애초에, 역시 옛날처럼 '원전 만세' 같은 표현은 무리라고 생각했는지, 매회에 '원전이 정지하면 값비싼 원유를 구입해야 해서 방대한 국부의 손해가 된다'는 새로운 논리를 전개하고 있었다.

『슈칸신초』에 게재된 광고는 모두 두 페이지에 걸친 펼침면을 활용한 것이었는데 이 잡지에서 가장 비싼 지면이다. 여기에서는 그 초기의 4회분을 설명하도록 하겠다.

- 1회째 2014년 1월 게스트(말하는 사람) 데몬 고구레デーモン小暮(아티스트) 그림1

- 2회째 2014년 4월 게스트(말하는 사람) 데시마 류이치手嶋龍一(외교평론가)

그림1_『슈칸신초』 2014년 1월 게재

- 3회째 2014년 6월 게스트(말하는 사람) 마이노우미 슈헤이舞の海秀平(스포츠 캐스터) 그림2

- 4회째 2014년 8월 게스트(말하는 사람) 미야케 구니히코宮家邦彦(외교평론가)

    이처럼 다양한 인물을 채용하고 있는데, 원전 사고 전이라면 몰라도 사고 후에 전사련 광고에 나오는 것은 상당한 용기가 필요했을 디이다. 혹은 그 망설임을 날려버릴 만큼의 보수를 받았을 가능성도 있다.

그림2_『슈칸신초』 2014년 6월 게재

1회째인 '미래의 에너지, 내 관점'이라는 데몬 고구레 씨가 등장하는 광고는 마치 데몬 씨 본인이 말하는 것처럼 보이지만 당연히 본문은 카피라이터가 작성한 것이며 데몬 씨의 의견이 아니다.

하지만 내가 이 광고를 트위터에서 비판하자 '이것이 데몬 씨 개인의 의견이므로 문제없지 않은가', '개인의 의견 표명을 방해하지 말라'는 의견이 밀려들었다. 이것이 전사련에 의한 버젓한 광고이며 등장인물의 말은 모두 광고주의 메시지라는 것을 이해하지 못한 사람들이 수없이 많았던 것이다. 이들 광고의 왼쪽 아래 구석에 '[제공]전기사업연합회'라는 글자가 달려 있는데 이것은 '전사련이 돈을 내서 만든 광고입니다'라는 뜻이다. 광고이므로 데몬 씨는 당연히 고액의 출연료를 받았고, 그의 발언을 가장하여 광고주(전사련)의 주장이 전개되는 것이다. 하지만 그 시스템을 수많은 독자나 일반인이 이해하지 못하고 있다. 물론 그것이야말로 이러한 기사체 광고의 노림수다. 아직도 이런 '속임수 테크닉'이 통용된다는 현실이 놀랍고 동시에 미디어 리터러시의 어려움을 통감하게 된다.

광고 출연료는 출연 기간에 따라 크게 변동되는데 비판

이 많은 원전 광고에 출연하는 연예인이 많지는 않으므로 예전부터 시세를 웃도는 고액이었다. 보통 연예인의 계약은 연간계약이며, 그동안 출연하는 매체를 세세하게 설정한다. 그리고 그 광고에서 말하는 대사는 모두 광고주가 미리 준비한 것이다. CF라면 연예인이 말하는 대사는 모두 처음부터 정해져 있으며, 결코 애드리브가 아니다.

이것은 잡지 광고만의 출연인 듯하지만, 데몬 씨의 지명도를 생각하면 출연료는 500만 엔 이상이라는 것은 확실하다. 그리고 출연료를 받는 광고이므로, 그들이 말하는 대사는 모두 광고주가 만들었다고 생각하는 것이 이 세계의 상식이라는 것이다.

참고로 『신초』에 광고를 게재하려면 컬러 양페이지였을 때 약 350만 엔이 든다. 여기에 광고원고 제작비, 연예인 출연료가 더해져서 합계는 족히 1,000만 엔을 넘을 것이다. 이 자금이 모두 전기요금이라는 것은 두말할 필요도 없다.

그렇다면 이 광고기사의 4회의 제목과 캐치프레이즈를 열거해보자.

・악마조차 흥미진진. 일본의 에너지에 대해 배우고 생각하자. 100을 생각해야 한다면 그 중 50은 20년 후의 미래를 생각하는 데 써야 한다. (데몬 고구레)

・에너지 문제를 해결하기 위해서는 온갖 선택지와 가능성을 제거하지 않는 것. '인텔리젠스'가 필요하다. 말도 안 되는 사태를 상정하여 기존의 상식을 벗어버리고 생각해본다. 그런 사고 태도가 중요하다. (데시마 류이치)

・자원소국 일본은 몸집이 작은 스모선수와 마찬가지로 기술·전력, 그리고 현실에서 도망치지 않는 각오가 필요. 복잡한 문제에 대해 단락적으로 잘잘못을 가리려는 풍조에 위화감을 느낀다. (마이노우미 슈헤이)

・요구되는 중용 정신. 중장기적 견지에서 균형 있게 사태를 바라보자. (미야케 구니히코)

4회 모두 '원전이 정지된 탓에 석유 원료 수입 단가가 증대하여 국제수지를 악화시키고 있다. 이것은 자원 소국 일본에게 있어 매우 큰 손실이므로 그 대책으로서 원전 재가동을 생각해야 한다'는 내용을 네 명이 반복적으로 말하는 형식인데, 놀랍게도 그 말에는 3년 전의 원전 사고를 상기시키는 내용도, 더더구나 지금 10만 명에 가까운 사람들이 고향을 떠나 피난해 있는 가혹한 현실도 나오지 않는다.

나아가 3회째의 마이노우미 씨의 제목에 이르러서는 '현실에서 도망치지 않는 각오가 필요', '복잡한 문제에 대해 단락적으로 잘잘못을 가리려는 풍조에 위화감을 느낀다'라는 놀라운 표현이 등장한다. 두말할 필요 없이 '원전은 사고 기능성을 동반하는 것이므로 그 현실을 각오하라, 복잡한 원전 문제에 일시적 감정으로 판단 내리지 말라'는 주장인데, 그것이야말로 원자력 무라의 본심이며, 자신들만 좋다면 남이야 어떻게 되든 상관없다는 냉철함, 오만함은 사고 전과 전혀 변함이 없다. 참고로 이 시리즈는 현재도 이어지고 있다.

원전 프로파간다의 변용

앞서 말한 전사련의 광고가 매우 상징적인데, 원전 사고 후 40년간 이어져온 프로파간다의 표현에 큰 변화가 생겼다. 사고 이전의 원전 광고에는

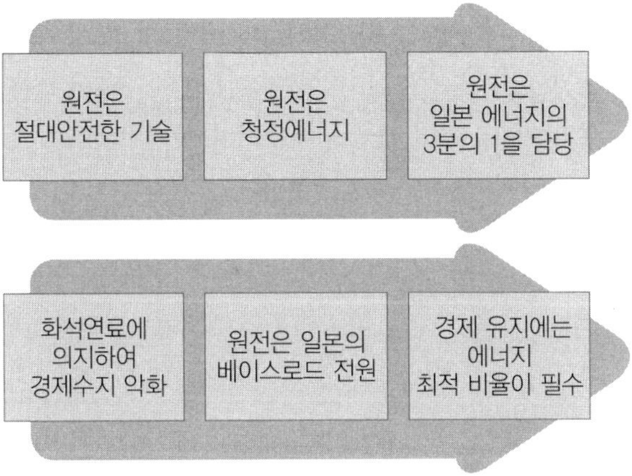

그림3_원전 사고 이전과 이후의 원전 추진 메시지 비교

· 원자력발전은 안전하다.

· 원자력발전은 청정에너지다.

· 원자력발전은 일본 에너지의 3분의 1을 담당한다.

는 프로파간다 표현의 '3위일체'가 거의 반드시 등장했다. 또한 2000년 이후에는 나아가 플루토늄 열 사용에 의한 핵연료사이클을 PR하면서 '원전은 재생 가능 에너지'라는 표현도 사용되었다. 하지만 세 개의 원전 격납용기가 동시에 멜트다운되는 사상 최악의 사고가 발생한 이후 아무래도 이전처럼 '안전합니다'라고는 단언할 수 없게 되어 그 표현은 사라졌다. 나아가 원전 사고 후 대부분의 원전이 정지상태에 있기 때문에 에너지의 3분의 1을 담당한다는 표현도 사용할 수 없게 되었다(그림3, 4).

따라서 원자력 무라는 대처방법을 고안했다. 3·11 후에 덴쓰나 하쿠호도 등의 광고대행사나 PR회사를 총동원하여 다음과 같은 슬로건을 생각해낸 것이리라. 애초에 사고 전 슬로건을 생각해낸 것도 광고대행사였으므로 그들에게 새로운 프로파간다 수법을 생각해내도록 한 것은 당연했다. 그렇게 새로이 만들어진 문구가 다음 세 가지다(그림3).

· 원전은 일본의 베이스로드 전원(안전공급).
· 화력발전은 이산화탄소를 배출하므로 친환경이 아니다.
· 원전 정지에 의한 값비싼 원유 수입은 국부 유출(그림4).

이것 외에도 원전에 동반되는 핵연료사이클을 유지하는 것은 원폭을 제조할 수 있는 플루토늄 보유를 전제로 하기 때문에 에너지 안전보장뿐 아니라 군사적 안전보장

그림4_2015년 2월 2일 요미우리신문 5단 전사련.
기시 히로유키(岸博幸) 씨(게이오기주쿠대학 대학원 교수)가 대답하는 형식. 요미우리 전국판이기 때문에 게재료는 1,000만 엔 이상. 원전 중지로 인해 화력발전 비율이 90%에 달하는 상황이므로 원전 재가동이 필요하다고 설명했다.

면에서도 필수적이라는 숨겨진 본심을 말하는 논객도 나타났다. 자민당의 이시바 시게루石破茂 씨 등이 그 선두주자인데 현 상황의 일본 원전은 미사일 공격이나 테러에 대해 지극히 취약하며 유사시에는 약점이 될 뿐이므로 완전히 넌센스라 할 수 있다.

또한 핵연료사이클의 파탄으로 인해 국내 잉여 플루토늄은 이미 약 45톤에 달한다. 이것은 핵폭탄 5,000발 이상을 제조할 수 있는 양이며, 과거 미소와 같은 핵무기 대국이 되지 않는 한 절대로 소화할 수 없는 양이다. 핵무기를 가지지 않는 나라에서 이만큼의 플루토늄을 보유하는 나라는 전 세계에서도 일본뿐이며, 동맹국인 미국조차 그 처리를 어떻게 할지 여러 번 우려를 표명했다. 핵연료사 이클이 가동하지 않고 있는 현재, 이 논리도 완전히 탁상 공론인 것이다.

일본원연과 일본원자력연구개발기구의 기만

아오모리 현의 롯카쇼무라에서 재처리 공장을 경영하는 일본원연과 후쿠이 현의 몬주를 경영하는 일본원자력연구개발기구에는 공통점이 하나 있다. 그것은 둘 다 거액의 세금을 투입했으면서도 사고나 고장이 이어져서 한 번도 제대로 조업하지 않았다는 사실이다.

롯카쇼무라는 지금까지 2조 엔 이상의 건설비를 투입했음에도 제대로 조업하지 못하고 있는데, 전사련은 백엔드 비용으로서 19조 엔이나 드는 비현실적인 전망을 밝혔다. 즉 전혀 채산이 맞지 않은 시설인데 그러한 사실을 은폐하기 위해서인지 3·11 이후에도 아오모리 현 내에서 적극적인 홍보·광고 활동을 벌이고 있다. 구체적으로는 아오모리 현 내의 TV 3방송국(RAB아오모리방송, ATV아오모리TV, ABA아오모리아사히방송)과 라디오 2개국(RAB아오모리방송, AFB FM아오모리)에서 제공하는 방송을 가지고 있다. 즉 이들 아오모리 현 내 언론에서는 비판적 보도를 하는 일이란 있을 수 없다.

또한 일본원자력연구개발기구는 도오일보에 매월 5단 광고를 게재하여 2015년 2월 8일에는 15단짜리 컬러광고(그림5)를 게재했다. 여기에서는 '객관적 사실에 근거한 냉정한 판단을' 등이라고 말하면서 '암의 원인은 방사선보다 생활습관'이라며 사고에 의한 피폭의 위험성과 생활습관을 뒤섞는 등, 도저히 '냉정'하다고 생각할 수 없는 표현으로 안전성을 강조했다.

한편 '몬주'는 1조 엔 이상의 세금을 투입한 끝에 1995년 나트륨 유출 사고 이후 단 한 번도 정상 운전하지 못했다. 나아가 안보 규정을 간과한 일도 연달아 일어나 원자력 규제위원회로부터 2013년에 '무기한 운전 정지 처분 명령'을 받았다. 이것은 운전 재개를 향한 작업도 규제위원회의 허가 없이 시행해서는 안 된다는 엄격한 것인데, 심지어 일본원자력연구개발기구는 그것을 위반하여 2015년 2월에 다시금 엄중 주의를 받았다. 그리고 같

그림5_2015년 2월 8일 도오일보 15단(컬러)

그림6_2015년 2월 8일 후쿠이신문 15단(컬러)

은 해 11월에는 결국 몬주의 운영 모체인 일본원자력연구개발기구가 운영자로서 부적절하다는 권고를 받는 데 이르렀다. 그런 집단이 근신하지 않고 어이없게도 '몬주TV'라는 소개 방송을 후쿠이TV, 후쿠이방송에서 방영했다 (2013~2015년 3월 말).

나아가 운전정지처분이 풀리지 않은 2015년 2월 8일 후쿠이신문에 컬러 광고(그림6)를 게재했는데 그 캐치프레이즈는 '부단한 노력과 확실한 성과━ . 개혁의 총정리를 향해'였으며, 이 광고가 문부과학성에 의한 것이라는 사실에 더욱 경악하게 된다. 즉 규제위원회에서 운전정지명령이라는 엄중 처분을 받았는데도 몬주를 관할하는 문부과학성이 마치 그것을 무시하듯 버젓이 광고를 낸 것이다. 문부과학성도 문제이지만, 그러한 광고를 제대로 확인 안 하고 지면에 실은 후쿠이신문의 자세도 크게 지적받아야 마땅하다.

'안전' 신화에서 '안심' 신화로

앞에서는 원전 광고에서의 표기상 변화를 설명했는데 원전 광고 그 자체의 수가 격감했으므로 광고 자체는 그다지 눈에 띄지 않는다. 후쿠이 현이나 아오모리 현과 같이 지역 언론이 완전히 전력회사에 의존하는 지역 이외의 전력회사도 원전 광고를 내고 싶지만 언론 측이 신중한 자세를 취하고 있기 때문이다.

따라서 과거와 같이 원전의 안전성을 노래하는 광고·PR 전개가 거의 불가능해진 가운데, 원자력 무라는 드디어 안전성에 대한 언급을 포기하고 다른 방책을 실행하기 시작했다. 그것이 원전 사고의 영향을 최대한 축소하여 '사고로 방출되는 방사능의 위험성은 낮고 건강에 악영향은 없다'는 '안심신화'의 유포다.

여기에는 강력한 원군이 있었다. 3·11 이후 '원전 사고의 뜬소문 피해'에 고심하는 다양한 지역에서 뜬소문 피해 박멸 요청이 정부, 환경성, 부흥청으로 쇄도했다. 그 결과 '부흥대책비'의 하나로서 '건강불안경감대책', '뜬소문피해대책'이라는 예산항목이 확립한 것이다. 그것에 의해 특히 후쿠시마 현을 중심으로 한 '안심 프로파간다'가 속도를 내게 되었다.

2014년 9월 후쿠시마 현이 중간저장시설 수용을 결정했다. 이 시설은 후쿠시마 제1 원전 사고에 따른 제염除染(방사성 물질로 오염된 의복·장치·시설 등에서 오염을 제거-편집자 주)으로 나온 후쿠시마 현 내의 오염 토양이나 높은 방사능 농도의 소각재 등을 최장 30년간 보관하는 시설인데, 현 단계에서 이미 1조 1,000억 엔의 건설비가 예상된다. 민폐시설이라고는 하나 건설을 담당하는 기업에게는 거대한 수입이 내다보이는 사업이다.

오해받기 쉽지만 후쿠시마에 건설되는 이 중간저장시설은 전국의 오염 토양이나 방사성 폐기물을 저장하는 것이 아니라 어디까지나 후쿠시마 현 내의 오염물질을 30년간 저장할 뿐이다. 즉 다른 현은 독자적으로 '최종처리장'을 건설하여 처분해야 한다. 그것들은 '지정 폐기물'이라 불리며 특히 그 양이 많은 미야기宮城, 도치기栃木, 군마群馬, 지바千葉, 이바라키茨城 등 다섯 현에 대해 국가에서 최종처리장을 건설하도록 요청이 나왔으나 어느 곳도 아직 결정된 바 없다.

그림7_2014년 8월에 환경성이 게재한 지정폐기물에 관한 광고
'미야기 현 내에서 처분하는 지정 폐기물은 원자력 시설에서 발생한 방사성 폐기물이 아닙니다!'라고 쓰여 있다

이때 필요한 것이 이 시설의 필요성을 국민에게 주지하는 PR전략이며 환경성은 대상지역의 신문에 컬러광고(그림 7)를 게재했다. 그러나 여기에서 문제가 발생했다.

2014년 9월 22일 교도통신이 '지정폐기물, 환경성이 광고수정하다 "국가는 거짓말"이라고 주민 반발이 빗발치다'라고 보도. 신문광고 내용에 수많은 클레임이 들어와 환경성이 내용을 정정하는 소란을 빚었다. 이 신문광고는 지정폐기물의 설명과 최종처리장의 필요성을 설명하는 것이었는데 내용에 '지정 폐기물은 원자력 시설에서 발생한 방사성 폐기물이 아닙니다!'라는 한 문장이 있었기 때문이다.

이 기술에 수많은 주민에게서 '이게 대체 무슨 소리냐?', '후쿠시마 제1 원전 사고가 일어났기에 이런 폐기물이 발생한 것인데 정부는 지금 거짓말을 하는 것인가'라는 반발이 빗발쳤다. 당황한 환경성이 '지정폐기물은 사용 후 핵연료와는 다르다는 것을 설명하고 싶었다. 다음부터 오해가 없도록 문장을 수정하겠다'고 해명했다. 이 신문광고는 이미 17회나 게재되었기에 나는 그 예산 등의 사실 관계를 확인하고자 했다.

우선 환경성의 홈페이지를 열면 '방사성물질 오염 폐기물 처리 정보 사이트'라는 전용 사이트가 나온다. 거기에 '의견·문의'처의 전화번호가 쓰여 있는데 전화를 걸어도 통화 중인 경우가 많아 좀처럼 연결되지 않는다. 그러다 겨우 연결된 상대는 아르바이트로 보이는 전화 접수 여성이었다.

그래도 광고 내용, 제작대행사, 예산을 알고 싶다고 전하자 알아보고 답변할 테니 다음 날 늦은 오후 이후에 다시 전화하라고 했다. 다음 날 다시 전화하자 이번에는 역으로 "무엇을 위해 그런 것이 알고 싶은가. 너는 누구냐"라고 내 정체를 캐는 질문을 계속 하더니 결국 "대답하려면 시간이 걸리므로 일주일 후에 다시 전화하라"는 답변을 받았다.

그 답변에서 깨달은 것은 이 전화는 그저 '질문을 모으는 창구'일 뿐 거기에 전문가는 한 사람도 없다는 사실이었다.

'이런 간단한 질문에 일주일 후가 아니면 대답을 못 한다니 말도 안 된다. 지금 당장 담당부서를 연결하든지 환경성 직통 전화번호를 가르쳐달라'고 말하자 "여기가 담당부서입니다", "조사하는 데 시간이 걸립니다"라며 은근히 무례한 대응으로 해결이 나지 않았다. 심지어 질문할 때마다 "윗사람과 의논하겠으니 잠시만 기다려주십시오"라는 말과 함께 길고 긴 보류음을 들은 후인지라 "또 변변치 않은 대답을 할 거라면 환경성에 닥치는 대로 전화를 하겠다. 이 전화 대응이 아무런 도움이 안 된다고 일일이 얘기하고 돌아다니면 좋겠느냐"라고 말하자 마지못해 본성 담당과의 전화번호를 가르쳐주었다.

여기까지 오는 데 약 이틀이 걸렸고 심시어 무료 전화도 설치하지 않아서 전화 요금은 질문자가 부담해야 한다. 상식을 벗어난 답변 기간을 제시한 데다 그쪽에서 전화하라는 태도에는 지정 폐기물 문제뿐 아니라 원전 사고 처리의 모든 것에 대해서 진지하게 대응하려 하지 않는 정부의 자세가 명확하게 드러나 있었다.

환경성의 설명

단, 환경성 담당자의 설명은 꽤 명쾌했다. 분명 17회 정도의 신문광고를 냈지만 가격이 비싼 15단(1페이지)은 미야기 현의 가호쿠신보河北新報뿐이고, 도치기의 시모스케下野

신문이나 지바의 지바일보, 전국지의 지방지판에서는 각각 7단 정도만 게재했다고 한다. 그리고 이것은 단순한 신문광고뿐 아니라 '방사성물질 오염 폐기물 처리 정보 사이트'의 제작·운영, 팸플릿 등의 제작도 포함한 '방사성물질·오염폐기물 등 처리·계발보급업무'라는 이름으로 총 예산 7억 엔에 모든 것을 덴쓰에 위탁하고 있다는 것이었다.

그래서 다시 해당 사이트를 들어가 보니 아래 부분에 '환경성', '제염정보 사이트'라고 '제염정보 플라자', '방사성물질 대책' 각 사이트로 들어가는 링크가 있었는데 모든 사이트의 문의 전화번호가 같았다. 이래서는 여기저기에서 전화가 쇄도하여 연결되기 어려울 터이다.

그래서 2012~2013년도의 환경성 입찰 관계를 조사해 보니 덴쓰가 앞서 말한 '방사성물질·오염폐기물 등 처리·계발보급업무(7억 엔)'에 더해

· 동일본대지진에 관련한 재해폐기물의 광역처리 등 지원업무(9억 엔)
· 동일본대지진에 관련한 제염 등에 관한 홍보업무(11억 엔)

· 제염정보 플라자 사업(14억 엔)

등을 수주했다는 사실을 알 수 있다. 즉 이 지정폐기물이나 제염에 대한 홍보 관련은 모두 덴쓰가 담당하는 것이다.

이 합계 금액 41억 엔은 연간 홍보비 100억 엔 이상의 거대 클라이언트를 다수 보유한 덴쓰로서는 대단한 것은 아니다. 다만 제염이나 폐기물처리는 앞으로 수십 년간 이어질 국가의 거대 프로젝드이며 따라서 그 홍보도 필수적이다. 특히 폐기물처리는 국민의 이해를 얻기 힘든 문제이므로 반대로 설득을 위해 홍보비는 증가할 것이다. 즉 '꺼려 하는 국민을 홍수 같은 광고로 속인다'는 과거 원전의 안전신화를 연출한 원전 광고와 마찬가지 구도가 생겨난 것이다.

덴쓰의 입장에서는 지금이야말로 노하우를 축적해두면 앞으로도 안정적인 '단골 거래처'로 삼을 수 있다는 계산이 있었을 것이다. 3·11 이전, 도쿄전력이나 전사련의 원전 광고 예산은 연간 1,000억 엔 규모였지만 원전 사고 후에는 격감하고 말았다. 그 전만큼의 금액은 아니더라도 제염과 폐기물 홍보는 앞으로도 확실히 실시될 것이므로 하쿠호도나 ADK와의 경합 배제를 위해서라도 지금 시점에서 이만큼의 업무를 담당하는 것은 매우 큰 어드밴티지가 될 것이다.

참고로 '제염정보 플라자'란 제염정보 제공, 정보 발신을 통해 방사성물질의 기초지식에 관한 강습이나 방사선량 측정 방법의 지도를 행하는 전문가를 파견하는 시설인데 그 실태는 덴쓰에서 인재파견 회사인 파소나PASONA에 완전히 일임하여 14명의 직원 전원이 파견사원으로 전문가가 한 명도 없는 것은 아사히신문이 보도한 바 있다. 실제 전화를 걸어봤으나 그 실상은 아무런 변화가 없는 것 같았다.

「나스비의 의문」

'제염정보 플라자' 사이트에 링크되어 있는 「나스비의 의문なすびのギモン」이라는 후쿠시마 현 내의 KFB 후쿠시마 방송에서 방영된 3분간의 미니 방송이 있다.

방송 1회째인 「임시 저장소는 괜찮을까?」에서 다테伊達 시의 방사성 폐기물 임시 저장소를 방문하여 주위의 방사선량을 측정했는데 '폐기물에서 4미터 정도 떨어지면 주변 공기와 거의 마찬가지다'라고 말하면서 그 선량은 0.5 마이크로시벨트보다 더 내려가지 않고 매우 높은 수치를 나타내는 그래프가 화면에 비춰진다. 전국의 제염대상지역의 대부분이 0.23마이크로시벨트 이상을 기준으로 하고 있으므로 이것은 충분히 높은 수치인데도, 방송에서는 완전히 안전한 것 같다는 표현을 한다. 다른 회차에서도 어떻게든 지금의 후쿠시마는 안전하다는 이미지를 시청자에게 심어주려 하고 있어서 고개를 갸웃거리게 만드는 내용이 많았다.

더욱 경악스러운 것은 '제염정보 플라자' 사이트 내의 '참고자료·링크집'의 충실도다. 여기에서는 제염작업의 모습을 전하는 다양한 동영상이 링크되어 있는데 그중에서도 '(방사성폐기물)임시 저장소의 모습', '임시저장소의 안전성·거리 편', '제염이란 무엇인가?' 등은 위험성은 최대한 언급하지 않으며, 마치 도로공사나 청소작업을 설명하는 것처럼 담담하게 제염을 설명하고 있어서 이상하기까지 하다. 이 사이트는 매일 콘텐츠를 늘리고 있다. 풍부한 예산이 뒷받침된다는 사실을 알 수 있다.

물론 각 콘텐츠의 '안전' 논조는 덴쓰가 주장하고 있는 것이 아니라 '원전 사고의 영향은 경미하고 대부분은 뜬소리 피해다'라는 '안심 프로파간다'를 침투시키기 위한 국가의 방침에 따른 것일 뿐이지만, 그 자세는 맹종이라고밖에는 달리 할 말이 없다.

정부홍보 15단 '방사선에 대한 올바른 지식을' 광고

　그러한 국가의 의도가 노골적으로 드러난 것이 2014년 8월 17일에 아사히·마이니치·요미우리·산케이·닛케이 등 전국지 다섯 곳과 후쿠시마 현의 후쿠시마민보·민우 두 지면에 게재된 '방사선에 대한 올바른 지식을放射能についての正しい知識を'이라는 제목의 정부 홍보(그림8)이다. 1페이지(15단) 전면을 사용하여 8월 3일에 개최된 강연회의 내용을 전하는 체제인데 그 주장이 지나치게 일방적이라 이것도 게재 후에 강한 비판에 휩싸이게 되었다.

　지면에 등장하는 도쿄대학병원 방사선과 나카가와 게이이치中川恵— 준교수가 '후쿠시마에서 소아 갑상선암은 늘지 않는다', '방사선에 대해 너무 신중해지면 발암 위험

그림8_2014년 8월 17일 아사히신문 15단 정부 홍보

을 높인다'와 같은 지론을 전개했다. 이것이 독자나 시민 단체 등의 항의를 받아 도쿄신문이나 주니치中日신문 등에서도 "'방사선' 정부 홍보 1억 엔 들여 "안심" 강조'와 같은 비판 기사가 게재되었다.

이 15단 광고의 게재비용과 제작비는 약 1억 엔으로 각 신문사를 다루는 창구가 하쿠호도였으므로 앞서 '지정 폐기물 광고'를 제작한 덴쓰와 함께 양대 광고대행사가 제작한 홍보 지면이 나란히 국민의 비판을 받은 셈이다.

정부 홍보는 내각부 예산으로 만들어지는데 이 지면의 강연회와 광고는 같은 해 5월에 발생한 『맛의 달인美味しん ぼ』의 코피 표현 소동 후에 급히 실시가 결정된 것이다(만화 『맛의 달인』 본문 중에 주인공이 후쿠시마 원전을 다녀오고 코피를 흘리는 장면이 그려져 있음-편집자 주). 그것이 하쿠호도의 기획 제안이었는지는 분명하지 않지만 『맛의 달인』에 의해 다시금 후쿠시마의 방사선 문제가 조명되었기 때문에 그것에 대한 대응으로서 정부가 제대로 의견 표명을 해야 한다는 것은 너무도 광고대행사다운 제안이기는 하다.

'뜬소문 피해 박멸'이라는 구호

3·11 이전의 원전 광고는 오로지 '원전의 안전성'을 소구했다. 하지만 그것이 사고 발생으로 못 쓰게 되자, 태도를 바꾸어 경제산업성을 중심으로 선전된 '원전이 정지하면 대정전이 일어나 일본 경제가 파탄난다'는 캠페인도, 실제로 아무런 일도 일어나지 않았으므로 사실이 아니라는 것이 판명되었다.

그래서 현재는 사고의 심각함을 전하는 보도나 발언을 '뜬소문이다', '뜬소문 피해를 발생시킨다'고 비난하면서 동시에 '사고에 의한 건강피해는 발생하지 않았다', '건강이나 작물에 대한 피해는 없다'는 '피해 완화'를 선전했다 (그림9). 나아가 수입 자원의 가격 급등으로 국제 수지가 적자라는 현 상황을 들어 '적절한 에너지 안배에 의한 원전 필요론'을 전면으로 내세운 전략으로 바뀐 것이다. 최근 게재된 원전 광고는 모두 이러한 전략을 꾀하고 있다.

참고로 2014년도의 정부 광고 예산은 65억 엔으로, 전년도의 44억 엔에서 단숨에 뛰어올랐다. 소비 증세의 이해 촉진이라는 커다란 테마가 있어서인지 그 용도는 정부

그림9_『안환(あんふぁん)』(산케이리빙신문사)에 게재된 전형적인 리스크 커뮤니케이션(Risk Communication) 광고. 광고주가 명기되어 있지 않은 스텔스 광고의 일종인데, 아마도 전사련이 출자했을 것이다.

홍보실이 그때마다 결정하므로 원전 관련에서도 탄력적으로 대응한 것이었다.

그렇다면 정부성청에 의한 홍보활동 예산 규모는 어느 정도였을까. 『닛케이 광고 연구보(2010년 8, 9월호)』에 따르면 2009년도 예산 기준으로 각 성청의 홍보 예산은 총액으로 350억 엔 정도였다고 추정되므로 상당한 거액이다. 그중에서 과거 정부 홍보 예산은 연간 90억 엔 기준이었지만 민주당 정권 때 감액되었고 그것이 증액으로 돌아서기 시작했다.

원전 사고도 소비증세도 본래라면 예산 삭감의 근거가 되어야 하는데 어느샌가 더 늘어서 역으로 예산이 증대했다. 특히 원전 사고에 관련한 것만 한정하여 말하면 앞으로도 중간저장시설과 최종처리장설치의 이해 촉진, 나아가서는 '뜬소문 피해 박멸'을 구호로 한 '안심 캠페인'에 거액의 홍보예산이 투하되리라는 것은 자명하다. 거기에 전력회사와 전사련이 동조하는 것이다.

대규모 방사선 리스크 커뮤니케이션의 전개

언론을 사용한 '안심신화' 유포가 공중전이라고 한다면 후쿠시마 현을 중심으로 동일본 각 현에서 실시된 리스크 커뮤니케이션은 지상전이다. 정부는 후쿠시마 현의 '방사선 피폭에 의한 건강 불안대책 사업비'로서 2015년도에 7억 8,100만 엔을 계상했다. 전년도의 4,400만 엔과 비교하면 15배 이상 많은 금액이다. 그중에는 주민에게 방사선의 안전성을 설명하는 "리스크 커뮤니케이션"에 관한 실시비용도 포함되어 있다. 이것은 정부가 복구 예산을 마구 뿌려서 다양한 단체가 후쿠시마 현 내를 비롯한 도호쿠 각 현, 이바라키·지바·나가노 현 등에서 전개하고 있는 '안심신화 강습회'다.

환경성 홈페이지에 '방사선 건강 불안에 관한 리스크 커뮤니케이션 실시'라는 상세한 페이지가 있으며 이미 그 활동은 2013년도부터 개시되었다. 정부와 현, 도쿄전력의 예산 보조로 고용된 학자나 의사들이 '원래 자연에도 방사선은 있으므로 후쿠시마 제1 원전 사고로 나온 방사선도 대단한 것은 아니다'라는, 자연방사선과 사고에 의한 인공방사선을 같게 취급하는 논리를 전개한다.

그중에는 '참가하는 전문가의 도항비·교통비는 도쿄전력이 후쿠시마 복구 및 리스크 커뮤니케이션의 일환으로서 부담하고 있습니다'라고 설명되는 것도 있다. 도쿄전력에 있어서 리스크 커뮤니케이션에 의해 사람들이 안심해주기만 한다면 그만큼 배상액이 적어질 수도 있으므로 자신들의 안위를 위해서 후원하는 것은 당연하다. 즉 과거 정부나 지자체, 전력회사가 한몸이 되어 원전 안전론을 퍼뜨렸듯, 이번에는 '방사선 안심론'을 국민에게 세뇌시키려 하는 것이다.

실제로 나도 2015년 3월, 지바 현에서 실시된 환경성 주최의 '방사선의 건강 영향 등에 관한 주민 세미나'에 참여해보았다. 실시 단체는 '원자력 안전 연구협회 방사선 환경 영향 연구소 후쿠시마 연구소'였는데 이 협회는 1964년에 설립된 경제산업성·문부과학성의 관할 단체로, 전 이사장이 원자력안전위원장이기도 한 이른바 전형적인 원자력 무라의 일원이다. 원자력 사고가 일어나기 47년이나 전부터 '원선의 안선성'을 연구하고 '원선은 절대 안전하며 사고는 일으키지 않습니다'라고 말해왔는데 사고를 막지 못한 집단이, 사고 후에는 '방사선 피폭되어도 안전합니다'라고 말하고 있으니 우스꽝스럽기까지 하다.

세미나는 약 세 시간으로,

· 강연① 방사선 피폭, 우리 주변의 방사선과 사고에서 유래한 피폭
· 강연② 후쿠시마 제1 원전 사고 후의 건강 위험을 생각한다

이상의 두 가지 강연을 실시했다. 아마도 어디서 하든

비슷한 패키지로 순회하고 있으리라. 이것은 환경성의 '원자력 재해 영향 조사 등 사업, 방사선에 의한 건강 불안의 경감 등에 이바지하는 인재 육성 사업 및 주민 참가형 프로그램 개발'이라는 예산으로 실시된다는 설명이었다.

나아가 이 사업은 2012년도에 '일본NUS주식회사JANUS'라는 원자력 컨설팅 기업에도 위탁 발주되었는데 이 기업의 주식은 닛키日揮주식회사JGC CORPORATION 80%, 도쿄전력 10%, 간사이전력과 주부전력이 5%씩 보유하고 있다. 즉 이 또한 명백한 원자력 무라의 일원이며 사고 전은 원전에서 벌고, 사고 후에도 그 처리로 돈을 버는 이른바 '매치 펌프' 방식이 확립되었다는 사실을 알 수 있다.

중요한 것은 강연 내용인데, 아직까지도 새로운 방사능이 유출되고 있는 후쿠시마 제1 원전의 실정을 깡그리 무시하고, 마치 이미 위험은 사라졌다는 듯 이야기했다. 참가자 약 50명에 대해 다양한 인쇄물과 DVD를 참고자료로서 배포했는데, 역시 세금을 통한 자금의 윤택함을 과시하고 있었다(그림10). 또한 자연계 방사선과 사고에서 방출된 방사선을 혼동하여 '원래라면 자연계에도 있으므로 그렇게 걱정할 정도는 아니다'라는 설명으로 일관했다.

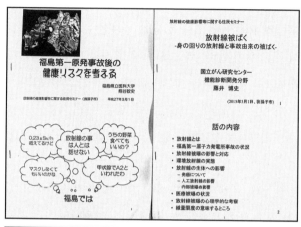

그림10_2015년 3월에 실시된 리스크 커뮤니케이션 강좌에서 나
눠준 자료 모음

물론 후쿠시마 현 내 아동의 갑상선암 조사 등의 심각한 상황 설명 등은 전혀 없었다. 그리고 놀랍게도 시간이 부족하다는 것을 이유로 직접적인 질의응답을 인정하지 않고 회장에서 쓰게 한 질문 중 주최 측이 고른 것만을 대답하는 형식이었다. 비판적인 내용을 담은 내 질문이 무시당한 것은 두말할 필요도 없다.

그래도 강연회 마지막에 주최자가 '오늘의 설명으로 납득하신 분은 손을 들어주십시오'라고 묻자 모인 청중 중 절반 가까이가 손을 들었으니 이 활동도 확실히 성과를 올리고 있다 할 수 있을 것이다.

하쿠호도와 ADK의 '변절'

원전 프로파간디스트들의 일익을 대형 광고대행사가 담당한 것은 이미 말해왔지만 그쪽에서도 2014년 새로운 움직임이 있었다.

원자력 무라의 규모를 상징하는 단체라고 하면 '일본원자력산업협회(원산협)'라는 것은 앞서 말했는데 이 '원자력 무라의 상징'에, 무려 2013년 11월에 광고업계 2위인 하쿠호도가, 그리고 2014년 6월에 3위인 ADK가 연달아 입회한 것이다.

업계 1위인 덴쓰는 3·11 이전부터 가입되어 있었고 도쿄전력이나 전사련의 광고 대부분을 담당한, 이른바 확신범이었던 것에 비해 하쿠호도와 ADK에도 다소의 광고는 있었지만 그래도 두 회사는 원산협에는 가입되어 있지 않았다. 원전 사고 전은 현재와 비교도 할 수 없는 액수의 광고 출고가 있었는데도 두 회사는 가입하지 않은 것이다.

이렇게까지 국민의 원전에 대한 시선이 차가워진 이제와서 일부러 원전 추진 단체에 가입하는 데에는 상당한 이유가 있을 것이다. 두 회사의 홍보부를 취재했다.

우선 원산협에 대한 가입 이유에 대해 물어보자 두 회사 모두 "가입은 정보 수집이 목적이고 특정한 업무 수주 목적이 있는 것은 아니다"라고 대답했다.

또한 두 회사 모두 "애초에 원산협이 원전 추진 단체라고 인식하고 있지는 않다"라고 말한 것이다.

그러나 원산협의 홈페이지에는 '우리는 원자력기술이 보유한 평화 이용의 가능성이 최대한 활용되도록 이 개발 이용의 추진을 위해 노력'이라고 쓰여 있으므로 원전 추진 단체라는 사실은 틀림없으니, 하쿠호도와 ADK의 말은 확실히 이상하다.

참고로 원전 사고 후 2011년 10월에는 후쿠시마 현이, 연이어 후쿠시마민보도 이 협회를 탈퇴했다. 그 이유를 후쿠시마 현 원자력 안전 대책과에 묻자 "후쿠시마 현은 원전 사고 후 원전과 결별하는 사회를 지향한다고 선언했다. 원산협은 원전 추진을 목적으로 하는 단체이므로 현이 지향하는 방향성과는 맞지 않다고 생각했기에 탈퇴했다"고 명쾌한 답변이 돌아왔다.

요컨대 원산협이란 과거에는 원전 추진의 본거지였던 후쿠시마 현조차 관계를 끊은 원전 추진 단체라는 사실은 명백한 것이다. 그래서 이 후쿠시마 현의 견해를 어떻게 생각하는지 두 회사에 묻자 일제히 입이 무거워졌지만 "그것은 견해의 차이라고밖에 말할 수 없다"라고 대답했다. 확실히 사고에 의해 피난구역이 되어버린 후타바마치, 오쿠마마치도 왠지 모르겠지만 아직까지 가입되어 있으므로 후쿠시마 현도 하나로 단결되어 있지는 않다.

그렇다면 이 단체에 가입했다는 것은 원전 추진에 찬성한다는 얘긴가 하는 질문에는 두 회사 모두 "원산협에 가입했다고 해서 원전 추진에 찬성하는 것은 아니다. 우리는 원전 추진에 찬성 혹은 반대를 분명히 할 입장에 있지 않다"며 마치 광고 카피처럼 똑같은 답변을 했다.

산처럼 많은 수의 스폰서가 있는 두 회사다운 애매한 대답인데, 원전 추진을 바라지 않는 기업이 13만 엔이나 연회비를 들여 가입할 이유가 없으므로 그 대답도 사실은 이상하다. 적어도 단체의 취지에 찬성하므로 가입했다고 말하는 것이 일반적인 사람과 기업의 사고방식일 것이다.

마지막으로 필자는 내가 몸담았던 하쿠호도에게만 "원전 사고로 국민의 원전 추진에 대한 불신이 매우 커졌다. 이런 때에 과거 '생활자 발상(사람을 상품의 단순 소비자가 아닌, 생활을 영위하는 존재로서 있는 그대로 바라보는 발상-편집자 주)'을 제창했던 하쿠호도가 원전 추진 단체에 가입하는 것은 하쿠호도의 브랜드이미지를 현격히 손상하는 것이 아닌가"라고 물었다. 여기에 대해 홍보 담당자의 답변은 "하쿠호도는 원전에 찬성 · 반대를 분명히 할 입장이 아니다. 하지만 각각의 다양한 의견에 귀를 기울일 필요가 있다고 생각한다. 다양한 의견에 귀를 계속 기울이는 것은 우리의 '생활자 발상'의 실천 중 하나라고 간주하고 있다"는 것이었다. 언뜻 맞는 소리 같지만 수십 만 명의 국민을 피폭시키고 1,000명 이상의 원전 사고 관련 사망을 낳은 원자력 무라의 의견에 귀를 기울이다니, 대체 무슨 소리일까. 3·11 이전에도 하쿠호도는 전력회사나 NUMO의 광고를 제작했지만 사고 후에 탈원전을 위한 로드맵을 발표했다든가, 탈원전파의 광고를 만든다는 얘기는 한 번도 들어본 적이 없다. 물론 반원전단체에 가입되어 있지도 않다. 즉 '다양한 의견에 귀를 계속 기울이는 것'보다도 돈이 있는 원자력 무라의 의견만 듣고 있지 않은가.

그것은 사기업이니 어쩔 수 없다는 지적도 있을 것이다. 하지만 과거 하쿠호도에는 사회적으로 문제가 예견되는 업계는 상대하지 않는다는 불문율이 있었다. 따라서 버블 절정기 때조차 대부업이나 파친코, 경마 등 덴쓰가 금성탕지로 삼았던 도박 광고를 거의 다루지 않았다. 그것이 하쿠호도라는 기업의 긍지라고도 할 수 있었는데, 원산협 가입은 하쿠호도에 더는 그러한 '기업의 양심'이 없어졌다는 것을 나타내는 것이기도 하므로 일말의 아쉬움을 느낄 수밖에 없었다.

복구 예산과 광고

그다지 눈에 띄지 않지만 복구예산 중에서 광고대행사가 담당하는 안건은 의외로 많다. 그리고 그중에서도 덴쓰의 점유율은 압도적이다. 앞에서도 말했지만 2012~2013년도의 환경성에서 수주한 광고만 해도

- 제염정보 플라자 사업(14억 엔)
- 동일본대지진에 관련한 재해폐기물의 광역처리 등 지원업무(9억 엔)
- 저탄소사회 만들기 추진사업위탁업무(4억 7,000만 엔)
- 동일본 대지진에 관련한 제염 등에 대한 홍보업무(11억 엔)

등이 있어서 하쿠호도를 압도한다. 그리고 현재 원전 사고 복구에서 정부가 가장 힘을 기울이고 있는 것이 이른바 '뜬소문 피해 대책' 관련 사업으로 2013년도의 '원자력 재해에 의한 뜬소문 피해를 포함한 영향에 대한 대책 패키지 팔로업'에서는 대부분의 중앙 정부 부처가 어떤 형태로든지 참가하여 45개가 되는 사업에 예산이 책정되어 있다.

그들 사업 외에도 후쿠시마 현을 중심으로 피해지에서는 다양한 뜬소문 피해대책 사업이 있다. 현재 도호쿠 하쿠호도 매출의 실제 30%가 뜬소문 대책 사업이라는 정보도 있어서 '커뮤니케이션의 프로'인 광고대행사에는 안성맞춤인 일이다.

그러나 원전 사고에 의한 피해를 모조리 '뜬소문'이라며 은폐하는 것은 사고의 교훈에서 눈을 가리게 하고 가해자의 책임을 애매하게 만든다. 이들 사업이 정말로 피해지역을 위한 것인지 제대로 검증해야 한다. 그리고 광고업계 최대 회사인 덴쓰에 이어 하쿠호도도 ADK도 원자력무라의 일원이 되어버린 지금, 언제나 그들의 눈치를 살피며 움직이는 언론은 더욱 심각하게 원전 문제 터부화를 낳을 것이다. 우리는 그것에 대해 늘 엄격한 시선을 가져야 한다.

돌출하는 요미우리신문

3·11 이전부터 적극적인 원전 추진파였던 요미우리신문은 사고 직후부터 1년 정도가 지나자 다시 기사에서도

적극적으로 원전 재가동 목소리를 높이기 시작했다. 동시에 전사련의 광고를 게재하게 되었다. 심지어 그것들은 이따금 15단 전면광고로 나오기도 했다.

2014년 7월 5일에 게재된 10단 광고에서는 이 신문 특별편집위원인 하시모토 고로橋本五郎 씨와 젊은이들에게 인기 있는 하루카 크리스틴春香クリスティーン 씨의 대담 형식으로 '에너지의 적절한 안배를 생각하자'라며 젊은층에 호소했다. 그리고 2015년 6월 14일에는 다시금 하시모토 씨와 전사련 회장인 야기 마코토八木誠 씨(간사이전력 사장)가 쓴 '왜 원자력이 필요한가'라는 제목의 15단 광고(그림11)를 게재했다.

이 일련의 신문광고가 『슈칸신초』에서의 광고 게재와 공통을 이루는 것은 편집위원을 기용하여 기사풍 광고 형식을 취하며, 마치 기사인 것처럼 수많은 독자를 오독하게 한다는 점이다.

또한 2016년 2월 28일에는 '자원 없는 경제대국 어떻게 해야 하나? 어떻게 될 것인가——일본의 에너지'라는 제목으로 전사련과 공동제작한 컬러15단(그림12)을 게재했다. 저명인을 등장시켜 원전 정지에 의한 에너지 자급률

그림11_2015년 6월 14일 요미우리신문 15단 전사련

그림12_2016년 2월 28일 요미우리신문 15단 전사련(컬러)

236

저하를 일부러 강조하여 원전의 필요성을 설득하는데, 단 한 번의 원전 사고로 지금도 약 10만 명의 사람들이 고향에 돌아가지 못하는 현실에 대해서는 한마디도 언급하지 않는다. 에너지 확보를 위해서는 무슨 일이 일어나도 원전을 유지해야 한다는 원자력 무라의 냉혹하고 오만한 광고를 계속 게재하고 있다. 이것은 다른 신문사와 비교할 때 매우 편파적인 자세다.

요미우리신문에 15단 광고를 게재할 시 만약 전국 게재라면 5,000만 엔 가까운 거액의 게재료를 내야 한다. 그리고 잊지 말아야 할 것은 전사련이 고액의 광고를 내는 그 게재 자금은 모두 따지고 보면 국민이 낸 전기요금이라는 사실이다.

현재 전력회사에 대한 국민의 시선은 전에 없이 차갑다. 다양한 여론조사에서 밝혀진 바와 같이 70% 이상의 국민이 원전 추진에 반대하는데 자동적으로 징수되는 돈으로 원전 추진 광고를 내는 등 기업 윤리에서 보더라도 용서할 수 없는 일이 아닐까.

전력회사 원전 광고의 부활

원전 재가동을 목표로 하는 각 전력회사는 2015년이 되자 단숨에 '안전PR'에 힘을 쏟기 시작했는데 그 자세는 꽤 차이가 있었다. 실제로 재가동에 이른 것은 규슈전력의 센다이 원전(가고시마 현)이 가장 빨랐는데 2015년 말 단계에서 규슈전력은 홈페이지상에서 그다지 적극적인 원전 PR을 하지 않고 있으며 지역 신문에도 광고를 내지 않고 있다. 후쿠시마 원전 사고 이후 최초의 재가동이라는 점에서 전국적인 주목을 받아 지역에서의 반대 운동도 일었기에 잘못 PR했다가는 더 큰 반감을 살 테니 그저 조용히 재가동을 추진하는 게 상책이라고 판단한 것이리라.

예전에는 도쿄전력 다음으로 많은 광고비를 자랑했던 간사이전력도 후쿠이 현의 다카하마 원전 재가동에 힘을 기울이면서도 특별히 CM이나 신문광고를 하지는 않고 있다. 간사이전력은 전력회사 중에서 가장 적자액이 많고, 원전은 후쿠이 현에 있지만 소비지는 광대한 간사이권이며, 몇 개의 현을 커버하는 광고비도 만만치 않을 것이라고 판단했을 것이다.

미야기 현의 오나가와 원전, 아오모리 현의 히가시도리 東通 원전의 재가동을 노리고 있는 도호쿠전력도 직접적인 원전 광고는 아직 많지 않다. 그러나 인기연예인 마쓰야 마 겐이치松山ケンイチ 씨를 기용하여 기업메시지 'より, そ う, ちから(다가가는 힘이라는 뜻-역자 주)'를 신문광고나 TV CF에서 전하고 있다. 음악은 히사이시 조久石讓 씨라는 것이 홈페 이지에 명기되어 있으며, CF 메이킹 영상까지 올리며 힘 을 쏟고 있다.

도호쿠전력 관내 한정이라고는 하지만 마쓰야마 씨의 연간 계약금은 적어도 2,000만 엔은 될 것이고 히사이시 씨의 작곡료와 음원사용료도 합쳐서 1,000만 엔은 될 테 니 양쪽의 계약 금액만으로도 3,000만 엔 이상은 할 것이 다. 도호쿠전력이라는 매출이 2조 엔인 기업이라면 별로 큰 지출은 아니지만 지역 기업으로서는 상당히 호화로운 지출이다. 이것들은 나중에 이야기할 주부전력과 달리, 굳이 원전 추진을 명시하지 않고 원전과 그 외의 사업의 경계선을 애매하게 만드는 이미지 전략을 전개하는 것이 다. 2016년의 전력자유화(수요자가 여러 전력회사 중 라이프스타일에 맞는 서비스를 제공하는 회사를 자유롭게 선택 가능-편집자 주)에 대비해 원전 추진

이미지를 희박하게 하는 편이 전체적인 브랜드 파워 향상에 이어지리라 판단한 것이리라.

그리고 거액의 배상금 지급과 후쿠시마 제1 원전의 사고 처리·폐로작업으로 애를 먹고 있는 도쿄전력은 적자 체질에서 벗어나고자 니가타 현에 있는 가시와자키카리와 원전 재가동을 노리고 있는데 역시나 대대적인 광고는 내보내고 있지 않다. 그러나 사실 이 회사의 홈페이지에도 올라와 있지 않지만 니가타 현 내 한정 가시와자키카리와 원전 CM을 제작하여 2015년 6월부터 현내 민간방송국 네 곳에서 방영하고 있다. 이것에 대해 후쿠시마 제1 원전 사고 후에 후쿠시마 현에서 니가타 현으로 피난한 사람들이 '원전 재가동을 위해 듣기 좋은 정보만 내보내고 있다'고 항의, 방영 중지를 요구했다. 하지만 도쿄전력은 이를 무시하고 지금도 방영 중이다. 또한 2016년 2월 11일에는 오랫동안 내보내지 않았던 15단 신문광고를 니가타일보에 게재했다. 그러나 이즈미다 히로히코泉田裕彦 니가타 현지사의 도쿄전력에 대한 불신감은 매우 강해서 수장의 동의를 얻지 못하면 재가동은 있을 수 없기에 조기 재가동은 매우 어려운 상황이다.

눈에 띄는 주부전력의 언론 광고

이러한 가운데 현재 가장 언론 광고가 활발한 곳이 주부전력인데, 이상하리만치 독보적이다. 내가 조사한 것만 해도 2015년 8월부터 하마오카 원전에서 일하는 사원을 등장시켜서 '나는 하마오카 원자력발전소에서 일합니다'라는 컬러 15단 광고시리즈를 매월 게재하고 있다(그림13). 이것은 3·11 이전의 원전 광고에서도 매우 자주 볼 수 있었던 원전의 다양한 부서에서 일하는 사람들을 올리는 형식의 광고인데, 진지하게 일하는 사원에 대한 공감과 원전에 대한 이해 촉진이라는 두 가지 소구 포인트를 지닌다. 그리고 나아가 여성층 대책으로서 가쓰마 가즈요勝間和代 씨(경제평론가), 야마시타 유카리山下ゆかり 씨(일본 에너지경제연구소 이사) 등을 등장시켜서 '여성의 에너지 생각'(7단) 시리즈도 전개했다. 이것들은 후지산케이비즈니스아이에 게재된 광고를 전재하는 형식이다. 즉 산케이그룹에도 광고비를 거출하고 있는 것이다.

또한 그뿐만 아니라 6월부터는 원전 추진파인 학자나 평론가를 출연시킨 '점묘點描 에너지의 모습'(7단) 시리즈도

그림13_2015년 12월 21일 시즈오카신문 15단 주부전력(컬러)

내보냈다. 이 광고들을 낸 곳은 전사련 산하인 일본전기협회인데 물론 자금 출처가 달리 보이는 것뿐 목표는 재가동에 대한 이해 촉진이다. 나아가 시즈오카 에너지·환경간담회(전 주부원자력간담회)가 언뜻 원전 추진과는 상관없어 보이는 '지구온난화 문제를 생각한다'는 제목의 심포지엄을 1년에 수차례 개최하며 열심인 모양인데 이들 수법은 그야말로 3·11 이전에 전개하던 원전 프로파간다와 완전히 똑같다.

또한 금액은 명확하지 않지만 지역 방송국에서 CM도 내보내고 있다. 주부전력 홈페이지에서는 무려 일곱 종류의 버전(교육 편, 플랜트관리 편, 감시·점검 편, 보수 편, 방사선 편, 훈련 편, 하마오카 방재대책 편)이 소개되고 있어서 모두 각 부문의 사원이 진지하게 직무에 임하는 모습이 묘사되어, 등장인물 등이 신문광고와 연동된 형태로 만들어져 있다는 것을 알 수 있는 구조를 띤다. 일곱 개의 다른 버전을 제작했고, 그 영상의 높은 퀼리티를 보면 제작비만으로도 3,000만 엔을 넘었을 것이다. 물론 방송국에 지급하는 CM 방영비는 별도다.

나아가 홈페이지상에서 CM의 음악 제공자로서 소개된

마이麻衣 씨는 작곡가 히사이시 조 씨의 장녀다. 즉 원전 소구를 명백히 드러내지 않는 도호쿠전력의 CM은 아버지, 주부전력의 명백한 원전 CM 송은 딸이 도맡아, 부녀가 함께 전력회사를 담당하는 형국이다.

또한 주부전력은 원전은 언급하지 않으면서 '주부전력 시작하는 부部'라는 CM도 제작하여 방영하고 있다. 이것은 전력자유화를 앞두고 이미지쇄신을 위한 광고인데 인기가 높은 배우 가가와 데루유키香川照之 씨를 주역으로 6화를 공개했으며 이 또한 출연 연예인 계약금을 포함해 상당한 돈을 들였다. 즉 3·11 전과 마찬가지로 주부전력은 기업 이미지 광고와 원전 광고 두 라인을 갖추고 있으며 현 상황의 도쿄전력이나 간사이전력에 비교해도 그 기세가 두드러진다 할 수 있을 것이다.

그렇다면 이것들을 금액 기준으로 조금 더 자세히 살펴보자. 우선은 시즈오카신문의 광고게재료인데 단 단가는 전현판全県版에서 31만 엔이므로 15단(1페이지)이라면 1회 게재로 465만 엔. 이것에 컬러 요금(20%)이 더해지면 1회 500만 엔 이상이다. 이것이 '나는 하마오카원자력발전소에서 일하고 있습니다' 광고 1회 게재료이며, 같은 시리즈는 지금껏 6회 게재, 그리고 8월에는 원전 PR고지가 컬러 15단으로 게재되었으므로 총 7회에 약 3,500만 엔.

또 7단 시리즈가 두 개('점묘 에너지의 모습', '여성의 에너지 생각') 가산되므로 매월 약 30단분의 요금(약 900만 엔)을 시즈오카신문에 지급하는 셈이 된다. 물론 연간 계약으로 다소 할인은 되겠지만, 연간 약 1억 엔 이상의 광고 게재료를 시즈오카 신문에 지급하는 것으로 추정된다. 나중에 얘기하겠지만 이것은 지역 신문사에게 있어서 매우 큰 금액이다.

여기에 앞서 말한 TV CM제작비·방영비가 별도 가산되므로 싸게 견적을 잡아도 주부전력의 원전 광고비는 연간 2억 엔을 넘는 것으로 보인다. 나아가 원전 광고가 아닌 '주부전력 시작하는 부'의 제작·게재·방영도 가산되므로 주부전력의 연간광고비는 4억 엔을 넘을 것이다. 그리고 2016년 전력자유화에 대처하기 위해 이 숫자는 더욱더 커져갈 것이다.

부활하는 원전 광고의 진짜 노림수

앞서 말한 주부전력의 광고비는 물론 큰 금액이다. 하

지만 수많은 현민의 귀와 눈에 제대로 도달하느냐 하면 월 1, 2회의 신문게재나 제공 방송 편성의 CM 방영 빈도는 후쿠시마 제1 원전으로 높아진 현민의 불신감을 잠재울 설득력은 거의 없는 것과 다름없다. 광고의 설득력이란 아무래도 그 출고횟수에 비례하기 때문이다. 현민의 관심을 끌려면 3·11 이전에 그랬듯이 추가로 지금의 수배의 금액을 투입해서 PR작전을 펼쳐야 한다. 즉 다른 전력회사에 미해서는 화려하게 보이지만 유저에게 설득력을 발휘하기 위해서는 매우 어중간한 수준이라 할 수 있다.

그렇다면 왜 이러한 광고 전개를 계속하느냐 하면 이 책에서도 고찰한 대로 숨은 진짜 노림수가 따로 있기 때문이다. 그것은 3·11 이전과 마찬가지로 광고 출고 금액을 이용해 언론의 자숙을 촉구하기 위한 것이다.

가령 시즈오카신문의 2014년 매출액은 239억 엔, 경상이익이 약 10억 엔이다. 이 규모의 회사에 연간 1억 엔 이상을 확실히 지급해주는 광고 스폰서는 매우 귀중하다. 그리고 그 귀중한 스폰서를 잃는 것은 큰 영업적 손실이 되므로 비판적 기사를 게재하여 그 스폰서의 심기를 거스르는 짓은 절대 피하고 싶어진다. 즉 하마오카 원전의 재가동에 대해 부정적인 기사를 쓰기 어렵게 된다는 것이다.

이것은 광고비를 주요 수입원으로 하는 어떤 언론도 피할 수 없는 숙명이며, 3·11이전에는 이 방법이 절대적인 위력을 발휘했다는 사실은 이 책을 통해 설명한 대로다. 즉 전력회사를 중심으로 한 원자력 무라는 다시금 그 재현을 노리는 것이다. 그 의도가 성공했는지는 아직 알 수 없지만 이들 광고 게재가 활성화된 2015년 여름 이후, 시즈오카신문 지상에서 하마오카 원전 재가동에 관한 비판적인 시점의 기사는 거의 게재되지 않았다.

그러나 이 책에서도 소개한 것처럼 거액의 광고 게재를 받으면서도 기사 집필 방침을 굽히지 않았던 니가타일보와 같은 예도 있다. 앞으로 과연 시즈오카신문이 주부전력의 원전 재가동에 대해 엄정한 보도 자세를 관철할 수 있을까. 이 신문의 독자는 엄격히 감시해야 할 것이다.

새로운 명분

이 장에서는 부활하고 있는 원전 프로파간다의 실태를 설명해왔다. 한동안 멈춘 듯 보였던 프로파간다의 톱니바

표1_연대별 광고 표현의 변천

	【소구 항목, 테마】	【광고 표현의 특징】
1970 년대	● 원전의 안전성 ● 원전의 필요성 　(자원소국 · 　전력수요증가) ● 기술의 우수성	● 전문가 해설 ● 문자로만 해설 ● 딱딱한 표현
1980 년대	● 원전의 안전성 ● 원전의 필요성 ● 원전의 구조 설명 ● 기술의 우수성	● 일러스트, 사진 활용 개시 ● 알기 쉬운 다양한 표현 모색 ● 연예인 활용 개시 ● 독자와의 질의응답
1990 년대	● 원전의 안전성 ● 원전의 필요성 ● 청정에너지 ● 플루토늄 열 사용 ● 비용의 우수성	● 만화 활용 ● 심포지엄 개최, 지면보고 ● 연예인 활용 ● 기사풍 광고 개시
2000 년대	● 원전의 안전성 ● 원전의 필요성 ● 청정에너지 ● 플루토늄 열 사용 ● 지층 처분	● 연예인 다용 ● 연예인, 저명인, 전문가 공연 ● 연예인과 전력회사 간부 공연 ● 일러스트를 사용한 친밀한 노선 ● 신문과 잡지 독자층에 맞춘 세세한 　표현 설정

퀴가 '재해로부터 복구', '뜬소문 피해의 박멸'이라는 새로운 명분을 짊어짐으로써 부활하고 있는 것은 명백하다. 오히려 3·11 이전의 프로파간다의 주체가 원전 추진의 수

익자인 도쿄전력으로 매우 알기 쉬웠던 것에 비해(표1) 현재는 정부가 주체가 되어 '뜬소문 피해 대책', '안심신화'라는 리스크 커뮤니케이션을 전개하는 만큼 수익자가 애매해져서 훨씬 더 악질이 되었다고 할 수 있다.

후쿠시마 현도 원전에 의한 세금의 은혜를 받았다고는 하나 전원삼법교부금에 의한 직접적 은혜를 눈에 보이는 형태로 누린 것은 나미에마치浪江町나 오쿠마마치大熊町와 같은 해안 지구이며 실제로 원전이 있던 소수 지역에 지나지 않는다. 후쿠시마 시나 고리야마郡山 시는 그곳으로부터 꽤 떨어져 있어서 원전 사업에 아무런 상관없이 살아온 사람들이 대부분이므로 이번 원전 사고가 가져온 '후쿠시마는 위험'이라는 딱지는 참을 수 없을 것이고 '뜬소문 피해다'라고 오히려 반론하고 싶은 마음도 이해가 간다.

그러나 애초에 뜬소문이라는 말의 의미는 매우 애매하다. 실제로 해가 발생했으므로 그 주변에 소문이 퍼지는 것이며, 아니 땐 굴뚝에 연기는 나지 않는다. 원전 사고에 의해 실제로 방사능오염이나 피해가 발생하는데 그것들 모두를 '뜬소문 피해'라고 부르는 것은 진실을 보고도 외면하는 것과 마찬가지다.

그리고 원자력 무라는 그러한 '사람들의 소박한 감정'을 교묘하게 이용한다. 그 최고봉이 앞서 말한 리스크 커뮤니케이션이다.

원전 사고의 영향은 들리는 것보다 크지 않다, 우리의 일상생활에는 영향이 없다고 생각하고 싶은 사람들의 절실한 마음을 이용하여 마치 주민을 위하는 것처럼 말한다. 하지만 지금까지 정부와 도쿄전력이 해온 일을 보면 알 수 있듯이 무슨 일이 있어도 그들은 절대 책임지지 않는다. 결국은 그들의 배상책임을 가볍게 만들기 위한 방패막이인 것이다. 정부나 도쿄전력이 지금 해야 할 일은 무엇보다도 후쿠시마 제1 원전 사고의 수습과 원인 규명, 나아가 현재까지도 피난 생활을 해야 하는 사람들의 생활을 원래대로 되돌리는 것이며 현 상황을 추인하는 리스크 커뮤니케이션 따위는 행해서는 안 된다.

원전 프로파간다에 저항하기 위해

그렇다면 이러한 일방적 프로파간다에 저항할 방법은 없는 것일까. 보통의 시민도 가능한 것을 몇 가지 들기로 하겠다.

첫 번째로 중요한 것은 매일 눈앞에 보이는 뉴스를 쉽게 믿지 말고 한 사람 한 사람이 제대로 자신의 머리로 생각하는 것이다. 앞서 말한 바와 같이 현재의 사회에서 우리가 접하는 뉴스는 프로파간다 모델에서의 촘스키의 '다섯 개의 필터'(서장)에 의해 여과된 것이라는 인식이 매우 중요하다. 더욱 쉽게 말하면 대형 언론도 단순한 이익추구 집단(기업)이며 최종적으로는 국가권력에 거스를 수 없는 구조라는 현실을 아는 것이다. 그러한 인식을 가짐으로써 많은 뉴스의 '목적'을 간파할 수 있을 것이다. 그러기 위해서 가장 손쉬운 방법은 역시 인터넷을 활용하는 것이다.

정보 수집에 있어서 가장 큰 힘이 되는 것도 역시 트위터와 페이스북이다. 그것들을 통해 전혀 면식이 없는 지방에 사는 분에게 '오늘 지역 신문에 이런 원전 광고가 게재되었습니다', '오늘은 이런 기사가 실렸습니다'라는 정보를 얻는 경우가 매우 많아서, 나처럼 어떤 조직에도 속하지 않은 사람에게는 큰 힘이 된다.

앞서 말한 2013년 3월의 도오일보에 게재된 30단 광고도 사실은 아오모리 현에 사는 분이 트위터에 올린 것을 우연히 보고 그 후에 사진과 현물을 보는 데까지 발전한 것이다. 물론 정보 제공이라는 것은 예전부터 행해져 오고 있었지만 그 속도와 정보량이 엄청나게 많다.

그리고 두 번째로 중요한 것은 그들 트위터 등의 네트워크를 활용하여 프로파간다 언론에 속하지 않는 독립 언론의 정보에도 귀를 기울이고 지지하는 것이다. 그 대부분은 기업에서 광고를 따오지 않기 때문에 대체로 경영 규모가 작고 대형 언론과 비교하면 발신력이 약하다. 하지만 광고주의 간섭을 받지 않기 때문에 바로 진실을 전할 가능성이 높아서 귀중한 것이다. 그러한 독립계 인터넷 미디어 중에서도 비교적 규모가 크고 발신력이 강한 단체를 몇 가지 소개하겠다.

- OurPlanet-TV (대표 시라이시 하지메白石草 씨)
- IWJ (대표 이와카미 야스미岩上安身 씨)
- 마이뉴스재팬 (대표 와타나베 마사히로渡邊正裕 씨)
- 매거진9 (대표 스즈키 고鈴木耕 씨)
- 8bitnews (대표 호리 준堀潤 씨)
- 뉴스Op-ed (대표 우에스기 다카시上杉隆 씨)

또한 원자력 자료정보실이나 그린피스 재팬 등 정부나 기업 등의 지원을 받지 않고 활동하는 NGO나 NPO 등도 독자적으로 방사선량 조사 등을 계속하고 있다. 이러한 단체의 회원이 되는 등 조금이라도 원조하는 것이 중요하다. 선입관이 들어가지 않은 정보를 고르기 위해서는 나름의 비용과 노력이 필요하다는 것을 우리는 인식해야 한다.

그리고 세 번째로 중요한 것은 원자력 무라가 스폰서하고 있는 광고를 보고 들었다면 그것을 게재하는 언론에 반드시 항의하는 것이다. 작금에는 모든 기업이 이용자나 독자의 의견에 매우 민감하다. 거액의 적자로 인해 전기 요금 인상을 반복하는 기업군이 원전 추진 광고를 내보내는 것은 언론 포섭과 이용자를 속이는 것만이 목적이기 때문에 그러한 광고를 본다면 계속 비판 의견을 언론에 전달해야 한다. 그러한 의견이 쇄도한다면 언론 측도 그것을 무시하지 않게 된다. 언뜻 시시해 보이지만 그것이 프로파간다를 막는 중요한 한걸음이다.

광고대행사 시스템과 대형 언론의 한계

　강연 등을 하면 어디서든 반드시 "그러면 정부나 대기업이 전하지 않는 진짜 사실을 알 수 있나요? 어느 언론이 올바른 말을 하고 있습니까?"라고 묻는다. 그것에 대해 나는 늘 "대형 언론은 사기업인 이상 진실을 말하는 데 한계가 있습니다. 진실을 알기 위해서는 대형 언론뿐 아니라 양심적인 소규모 언론을 직접 찾아서 팔로하고, 그들을 지지하기 위해 스스로 참가하거나 돈을 내야 합니다. 무료 TV 앞에 그저 앉아만 있어서는 누구도 진실을 가르쳐주지 않습니다"라고 대답하고 있다.

　인터넷이 보급된 현재에도 시각과 청각을 동시에 자극하는 TV의 영향력은 아직 절대적이다. 그만큼 절대적인 영향력을 지닌 언론이 왜 '무료'인지, 시청자는 냉정하게 생각해야 한다. 그 계략을 이해할 수 있다면 TV가 내보내는 정보 중 어떤 것이 가치가 있고 없는지 알 수 있을 터이다.

　여기서 다시금 언론 정보에 접할 때의 유의사항을 제시하도록 하겠다.

1) 언론은 결코 완벽하지 않다. 틀리고, 거짓말을 하고, 이 익을 유도하는 존재라는 사실을 인식한다.

2) 뉴스를 볼 때마다 막연히 보고 있지만 말고 그 발신자, 뉴스 공급자가 누구인지, 무엇을 위해 발신하는지를 생 각하는 버릇을 들인다.

3) 대형 언론이 같은 논조인 경우 왜 그런지 의심한다. 다 른 의견이 없는지 의식을 가지고 찾아보고 각자를 비교 하며 생각한다.

4) 각 언론사의 기업 특성, 모회사, 주주 등을 알아두면 이 해관계를 파악할 수 있다.

5) 그 뉴스에 의해 득을 보는 자가 누구인지 반대로 손해보 는 자가 누구인지 생각한다.

　모두 자신의 눈으로 보고 귀로 들으며 확인하고 생각하는 것이 중요하다는 점에 변함은 없다. 다시 말하지만 TV나 PC 앞에서 그저 앉아 있기만 해서는 올바른 정보를 얻을 수 없다. 원전 프로파간다가 그랬듯이, 자금을 가진 정부나 대기업은 무시무시한 양의 PR로 국민의 의식을 마비시키려 한다. 그것에 저항하는 첫걸음은, 당연한 말이

긴 하지만 개인의 의식을 제대로 가지는 것에 달려 있다.

그리고 그것이 3·11 이후의 시대를 살아야 하는 우리에게

지워진 의무가 아닐까?

후기

　광고란 보는 사람에게 꿈을 안겨주고, 기업과 생활자의 가교가 되어 풍요로운 문명사회를 만드는 유익한 존재일 터였다. 그런데 어느샌가 권력과 거대 자본이 사람들을 속이는 방책으로 변하더니 심지어 보도마저 왜곡하는 거대한 권력 보완장치가 되었다. 그리고 그 가장 잔악한 사례가 원전 광고(프로파간다)였다.

　이것은 엄연한 사실이며 실은 광고업계에 있는 사람이라면 누구나 어렴풋이 느끼고 있는 것이다. 하지만 누구 하나 그 사실을 입 밖에 내지 않는다. 지금 이 순간도 새로운 원전 광고가 탄생되고 있다. 후쿠시마 원전 사고 후에도 더욱, 원전을 추진하려는 거대한 원자력 무라의 소행을 막는 것은 쉽지 않지만 이 프로파간다의 구조와 역사를 한 사람이라도 많은 사람에게 알려서 그것이 과연 국가와 사회에 좋은 일인지 생각해보기를 바라며 이 책을 썼다.

이 책은 지금까지 내가 쓴 저서『덴쓰와 원전보도電通と原発報道』,『원전 광고原発広告』,『원전 광고와 지방지原発広告と地方紙』에서 제의한 원자력 무라와 언론, 광고대행사의 강고한 트라이앵글 관계를 최대한 간결히 한 것이다. 지금까지의 조사를 통해 현재 내 수중에는 만 점을 넘는 원전 광고와 기사 데이터가 있는데, 신서라는 형태를 고려하여 그 소개는 극히 일부로 한정했다. 실제로 언론이 어떻게 광고를 게재했는지 자세하게 알고 싶다면 앞서 말한 저서를 읽어보시기 바란다.

또한 이 책에 게재한 지방지의 사례나 게재 단수 조사는『원전 광고와 지방지』를 집필할 때 국제 환경 NGO인 그린피스와 자원봉사 분들이 일본 국립국회도서관에서 조사해준 성과다. 아무런 후원도 자금도 없는 필자의 생각에 동참해준 선의를 가진 분들이 없었다면 일련의 문제제기는 불가능했다. 이 지면을 빌려 다시금 고맙다는 말씀을 전하고 싶다.

2016년 3월, 아베 내각이 강행하는 원전 재가동 정책에 따라 각 지역 전력회사는 재가동을 향해 새로운 원전 프로파간다를 시작했다. 고액의 출연료로 낚은 연예인과 유명인을 앞세워 웃는 얼굴로 거짓말만 해대는 방법은 3·11 이전과 전혀 변함이 없다. 하지만 보란 듯이 원전의 필요성을 주장하는 사람들은 지금도 고향으로 돌아가지 못하는 10만 명에 달하는 사람들의 고통, 배상을 둘러싸고 도쿄전력 및 국가와 싸우고 있는 수만 명의 사람들의 원망과 한탄을 어떻게 생각하고 있을까. 일단 사고가 일어나면 수십 만, 수백 만 단위의 인생을 엉망으로 만들 수도 있는 발전 시스템을 존속시킬 합리적인 이유 따위는 있을 리가 없다. 지진이 많고 국토가 좁은 일본에게 원전은 너무도 위험하고 신뢰할 수 없는 시스템이다.

그런데도 여전히 그 원전으로 윤택한 생활을 하는 사람들로 인해 원전 프로파간다는 부활했다. 하지만 후쿠시마의 사고로 원전이 절대 안전하다고 말할 수는 없게 되었고 여전히 진행 중인 방사선 오염으로 청정에너지라는 환상도 날아갔다. 원전이 멈춰도 대정전 같은 일은 일어나지 않았다. 또한 일시적으로 활발하게 이용된 '값비싼 원유 수입으로 국부가 유출되어 경제가 정체한다'는 논법은 2016년 급격한 원유가 하락으로 아이러니하게도 전력회사의 수지가 극적으로 개선되어 이 또한 더는 쓸 수 없게 되었다. 이제 원자력 무라가 마지막으로 의지하는 것은 근거조차 애매한 '적절한 에너지 안배'론뿐이다. 실은 그들도 궁지에 몰린 것이다.

그러나 원자력 무라가 여전히 원전 광고를 만들고 언론이 돈 때문에 그 광고를 게재하며 아무 일도 없었다는 듯 행동하는 것은 그들의 소행을 기록하고 그 기만을 비판, 추궁하는 조직이나 단체가 존재하지 않는다는 점도 이유 중 하나다. 나는 이제껏 완전히 혼자서 그들을 추궁해왔지만 개인의 힘으로는 한계가 있다. 따라서 가까운 미래에 원전 프로파간다를 수집, 분석하여 그 위험성을 널리 국민에게 알리는 NPO 조직을 설립하고자 한다. 그곳에서는 과거의 프로파간다 기록(기사·광고)을 철저히 수집하여 그 결과를 공표하고 나아가서는 최신 상황도 항상 분석할 것이다. 언론에 자정 능력이 없다면 누군가가 그 실태를 널리 알려서 국민의 판단을 독려해갈 수밖에 없다. 그러나 이 사업은 방대한 인력과 자금을 필요로 하므로 원전 없는 세상을 바라는 많은 분들이 협력해주기를 바라마지 않는다.

마지막으로 이 책은 수많은 분들의 협력으로 완성되었

다. 원전 절멸을 바라며 국회도서관에서 묵묵히 원전 관련 기사와 광고를 수집해주신 분들, 트위터나 페이스북 등에서 각지의 정보를 전해주신 팔로워 분들, 다양한 정보를 가져다주신 프리랜서 작가나 신문사 여러분. 그리고 광고대행사와 언론의 실명을 거론한다는 이유로 주저하는 다른 출판사와는 달리 이 내용을 그대로 세상에 내준 이와나미서점 여러분께도 이 자리를 빌려 깊은 감사의 말씀을 드리고 싶다.

　어떤 강자라도 언젠가는 역사의 심판을 받는다. 설령 지금은 돈키호테처럼 보이더라도, 내가 하는 일이 그 심판에 일조하기를 바란다.

2016년 3월

혼마 류

역자 후기

고백하건대 나는 탈원전 지지자다. 2012년 겨울, 일본인과 한국인 각 500명이 탑승하여 한일 양국의 평화와 환경에 대해 고민하는 피스 앤 그린보트Peace & Green Boat에서 강연과 프로그램을 통역했다. 가장 인상 깊었던 것이 탈원전에 대한 강연이었는데, 연사가 후쿠시마 원자력발전소 설계에 참여한 분이었다. 2011년 3월 11일 동일본대지진과 후쿠시마 원전 사고가 난 지 채 2년이 되지 않은 때였으니 아직 상흔이 가시지 않은 시기였다. 그 날 그 자리에서 들은 이야기는 언론을 통해 접한 이야기와는 사뭇 달랐고, 그래서 더 큰 충격이었다. 탈원전에 대한 마음은 그때 굳혔다.

그 후 후쿠시마 제1 원전과 직선거리로 약 100km 떨어진 곳에 살게 되었다. 후쿠시마 제1 원전 주변은 통제되어 갈 수 없었지만, 동일본 대지진과 쓰나미가 할퀴고 간 자국이 여전한 태평양 연안 지역을 돌아볼 기회가 있었다. 재해 후 수 년이 지났고 복구 작업이 한창이었지만 여실히 느낄 수 있었다. 재해는 과거형이 아닌 현재 진행형이라는 사실을. 적어도 내가 만난 사람들은 모두 원전 없는 세상을 바랐다. 특히 사상 최악의 원전 사고를 겪은 일본 국민이라면 당연히 그렇게 생각하리라 믿었다.

하지만 이 책을 번역하면서 내가 얼마나 큰 착각에 빠져 있었는지를 새삼 실감했고 더없이 씁쓸했다. 이 책에서 저자는 우리에게는 '원자력 마피아'라는 말로 더 잘 알려진 일본 내 '원자력 무라'의 실상을 낱낱이 파헤친다. 덴쓰와 하쿠호도 등 대형 광고회사를 통해 언론을 쥐고 흔드는 원자력 무라는 '일부' 세력이 아니라 이미 일본이라는 생물의 '전체' 세포를 잠식하고 있다고 해도 과언이 아니라고 저자는 말한다. 원자력 무라는 오랜 역사와 재력, 인력까지 두루 갖추고 일본 국민을 자신의 이익 방향으로 선동하는 거대한 권력인 것이다. 그런 원자력 무라는 후쿠시마 원전 사고로 힘을 잃을 듯 보였다. 하지만 그것은 대단한 착각이었다. 어느 정도 세월이 흘러 사람들의 뇌리에서 후쿠시마 원전 사고의 기억이 흐릿해지기 시작했다고 판단한 것일까. 대다수 국민의 눈을 피해 곳곳에서 다시금 원전 프로파간다의 움직임이 포착되고 있다.

'프로파간다'란 결국 세뇌다. 사람들에게 보이지 않는 칩을 심는 것이다. 천문학적인 자금과 수십 년이라는 시간, 엄청난 노력을 들여서 그들이 프로파간다를 자행하는 이유는 명백하다. 훗날 자신들이 원하는 방향으로 사람들을 움직이기 위해서다. 그들은 그런 방식으로 이익 집단이라는 지위를 유지한다. 그러나 정작 칩이 심겨진 사람들은 어쩌면 평생토록 그것을 깨닫지 못한다. 의심할 생각조차 하지 못한다. 세뇌가 무서운 이유가 바로 이것이다. 겉보기에는 그들 스스로 선택한 듯 보이기 때문이다. 조금 강한 표현을 쓰자면 '자발적 노예'와 다름없다.

노예 신분에서 벗어나는 방법은 결국 단 한 가지뿐이리라. '각성'하는 것. 즉 늘 깨어 있는 것이다. 일본 국민 대다수가 저자와 같은 깨어 있는 목소리에 귀 기울이기만을 바라는 마음으로 이 책을 번역했다.

그리고 이것은 비단 이웃나라 일본만의 문제가 아니다. 이 시각, 대한민국을 사는 우리도 마찬가지다. 일일이 열거하지 않아도 우리가 '잊지 말아야 할 것', '깨어서 고민해야 할 일'은 무수히 많다. 부디 이 책을 읽은 독자들이 늘

깨어 있는 주체자로 살아갈 힌트를 얻기를 소망한다.

2017년 9월

옮긴이 박제이

자료

일본원자력산업협회 회원명부
(2016년 1월 28일 기준)

<영문, 기타>

ABB㈜

Advanced Fusion Technology, Co., Ltd.

AMEC아시아㈜

AREVA Japan㈜

Ascend Co.,ltd.

Ask Sanshin Engineering Corp.,Ltd.

ATOX Co., Ltd.

Bentley Systems, Inc.

Bureau Veritas Japan Co., Ltd.

Canberra Japan㈜

CBS Corporation.

CCI Corporation.

CERES, Inc.

COALITE Inc.

CSA of Japan Co., Ltd.

C-TECH CORPORATION.

D-CLUE Technologies Co., Ltd.

DOWA 에코시스템㈜

EASTERN CAR LINER, Ltd.

ENGINE MAINTENANCE CO., Ltd.

EPRI International, Inc.

ES 도시바 엔지니어링㈜

ESI Japan Ltd.

Fives Intralogistics K.K.

Garlock Valqua Japan, Inc.

GE히타치 뉴클리어에너지 인터내셔널 LLC

Global Nuclear Fuel - Japan Co., Ltd.

International Creative Co., Ltd.

International Nuclear Services Japan㈜

JAPAN NUS CO., LTD.

JCO Co., Ltd.

JFE스틸㈜

Jpec Inc.

JX홀딩스㈜

Konecranes Nuclear Equipment and Service

MHI Nuclear Systems and Solution Engineering Co., Ltd.

NEWJEC Inc.

NS유나이티드 내항해운㈜

Nuclear Development Corporation

SEIKO EG&G CO.,LTD.

Shearman & Sterling 외국법사 무변호사사무소

Studsvik Japan Ltd.

Thirdwave Corp.

Trade Tech 일본사무소

URENCO㈜

WAC inc.

Westinghouse Electric Japan

Yurtec Co., Inc.

Zetec Japan Office

(공익사단법인)일본 아이소토프 협회(日本アイソトープ協会)

(공익재단)노토 원자력센터(能登原子力センター)

(공익재단)방사선계측협회(放射線計測協会)

(공익재단)방사선영향협회(放射線影響協会)

(공익재단)와카사완 에너지연구센터(若狭湾エネルギー研究センター)

(공익재단)원자력안전기술센터(原子力安全技術センター)

(공익재단)원자력연구 백엔드추진센터(原子力研究バックエンド推進センター)

(공익재단)원자력환경정비촉진·자금관리센터(原子力環境整備促進·資金管理センター)

(공익재단)일본분석센터(日本分析センター)

(공익재단)해양생물환경연구소(海洋生物環境研究所)

(공익재단)핵물질관리센터(核物質管理センター)

(공익재단)환경과학기술연구소(環境科学技術研究所)

(공익재단)후쿠이 원자력센터(福井原子力センター)

(일반사단법인)원자력안전추진협회(原子力安全推進協会)

(일반사단법인)일본건설업연합회(日本建設業連合会)

(일반사단법인)일본동력협회(日本動力協会)

(일반사단법인)일본전기공업회(日本電機工業会)

(일반사단법인)일본전기협회(日本
電気協会)

(일반사단법인)해외전력조사회(海
外電力調査会)

(일반사단법인)화력원자력발전기
술협회(火力原子力発電技術協会)

(일반재단법인)고도정보과학기술
연구기구(高度情報科学技術研究
機構)

(일반재단법인)발전설비기술검사
협회(発電設備技術検査協会)

(일반재단법인)방사선이용진흥협
회(放射線利用振興協会)

(일반재단법인)에너지종합공학연
구소(エネルギー総合工学研究所)

(일반재단법인)엔지니어링협회(エ
ンジニアリング協会)

(일반재단법인)오사카 과학기술센
터(大阪科学技術センター)

(일반재단법인)일본 ITU 협회(日本
ITU協会)

(일반재단법인)일본 에너지경제연
구소(日本エネルギー経済研究所)

(일반재단법인)일본입지센터(日本
立地センター)

(일반재단법인)전력중앙연구소(電
力中央研究所)

3R Corporation

< 가 >

가가미노초(鏡野町)

가고시마 건설㈜(鹿島建設)

가고시마 현(鹿児島県)

가리와무라(刈羽村)

가리쿄㈜(刈共)

가시와자키 시(柏崎市)

가와사키 중공업㈜플랜트·환경
컴퍼니(川崎重工業 プラント·環境
カンパニー)

간덴 부동산㈜(関電不動産)

간덴 서비스㈜(関電サービス)

간덴 시스템 솔루션즈㈜(関電シ
ステムソリューションズ)

간덴 플랜트㈜(関電プラント)

간사이 전력㈜(関西電力)

개발전자기술㈜(開発電子技術)

검사개발㈜(検査開発)

겐카이초(玄海町)

고속로 기술서비스㈜(高速炉技術
サービス)

고속로 엔지니어링㈜(高速炉エン
ジニアリング)

고요 건설㈜(五洋建設)

고요 전기㈜(向洋電機)

곤도 공업㈜(近藤工業)

교와초(共和町)

구리타 공업㈜(栗田工業)

국립대학법인 무로란 공업대학
(国立大学法人 室蘭工業大学)

국립연구개발법인 일본 원자력
연구개발기구(国立研究開発法人
日本原子力研究開発機構)

국제원자력개발㈜(国際原子力開発)

규덴 산업㈜(九電産業)

규슈 전력㈜(九州電力)

금속 기연㈜(金属技研)

기무라 화공기㈜(木村化工機)

긴키 대학(近畿大学)

< 나 >

나가세 란다우어㈜(長瀬ランダウア)

나고야 상공회의소(名古屋商工会
議所)

나라하마치(楢葉町)

노미 방재㈜(能美防災)

니가타 원동기㈜(新潟原動機)

니가타 종합경비보장㈜가시와자
키카리와 원자력 경비지사

니가타 현(新潟県)

니시마쓰 건설㈜(西松建設)

니시무 전자공업㈜(ニシム電子工業)

니치고 우라늄 자원개발㈜(日豪
ウラン資源開発)

니치아스㈜(ニチアス)

닌교토게 원자력산업㈜(人形峠原

子力産業)

닛신기연㈜(日進技研)

닛키소㈜ISOL사업본부(日機装
ISOL事業本部)

닛키㈜(日揮)

< 다 >

다이니치 기계공업㈜(大日機械工業)

다이도 특수강㈜(大同特殊鋼)

다이세이 건설㈜(大成建設)

다이헤이 전업㈜(太平電業)

다카사고 열학공업㈜(高砂熱学工業)

다카하마초(高浜町)

데이코쿠 섬유㈜(帝国繊維)

대일본 플라스틱㈜(大日本プラス
チックス)

도다 건설㈜(戸田建設)

도덴 부동산㈜(東電不動産)

도덴 설계㈜(東電設計)

도레이㈜(東レ)

도마리무라(泊村)

도미야마 공동자가발전㈜(富山
共同自家発電)

도미야마 약품공업㈜(富山薬品工業)

도미오카초(富岡町)

도비시마 건설㈜(飛島建設)

도소 부동산관리㈜(東双不動産管理)

도시바 로지스틱스㈜(東芝ロジス

티스)

도시바 원자력 엔지니어링서비스㈜(東芝原子力エンジニアリングサービス)

도시바 전력검사 서비스㈜(東芝電力検査サービス)

도시바 플랜트시스템㈜(東芝プラントシステム)

도아 밸브 엔지니어링㈜(東亜バルブエンジニアリング)

도와 엘렉스㈜(トーワエレックス)

도요 엔지니어링㈜(東洋エンジニアリング)

도요 탄소㈜(東洋炭素)

도카이 대학(東海大学)

도카이무라(東海村)

도코 기계공업㈜(東興機械工業)

도쿄 뉴클리어 서비스㈜(東京ニュークリア・サービス)

도쿄 도시대학 원자력 연구소(東京都市大学原子力研究所)

도쿄 방재설비㈜(東京防災設備)

도쿄 상공회의소(東京商工会議所)

도쿄 전력㈜(東京電力)

도쿄 파워테크놀로지㈜(東京パワーテクノロジー)

도쿄 해상 니치도 화재보험㈜(東京海上日動火災保険)

도호쿠 녹화환경보전㈜(東北緑化環境保全)

도호쿠 발전공업㈜(東北発電工業)

도호쿠 인포메이션 시스템즈㈜(東北インフォメーション・システムズ)

도호쿠 전력㈜(東北電力)

돗판 인쇄㈜(凸版印刷)

동일본 흥업㈜(東日本興業)

< 라 >

라지에 공업㈜(ラジエ工業)

롯카쇼무라(六ヶ所村)

리사이클 연료저장㈜(リサイクル燃料貯蔵)

< 마 >

마루베니 유틸리티 서비스㈜(丸紅ユティリティ・サービス)

마루베니㈜(丸紅)

마쓰에 시(松江市)

마에다 건설공업㈜(前田建設工業)

무쓰 시(むつ市)

미쓰비시 FBR 시스템즈㈜(三菱FBRシステムズ)

미쓰비시 매터리얼 테크노㈜자원・환경・에너지 사업부(三菱マテリアルテクノ(株)資源・環境・エネルギー事業部)

미쓰비시 매터리얼㈜(三菱マテリ
アル)
미쓰비시 상사 파워시스템즈㈜
(三菱商事パワーシステムズ)
미쓰비시 상사㈜(三菱商事)
미쓰비시 원자연료㈜(三菱原子燃料)
미쓰비시 전기㈜(三菱電機)
미쓰비시 전선공업㈜(三菱電線工業)
미쓰비시 중공업㈜(三菱重工業)
미쓰비시 히타치 파워시스템즈
㈜(三菱日立パワーシステムズ)
미쓰이 물산㈜(三井物産)
미쓰이 스미토모 건설㈜(三井住
友建設)
미쓰이 스미토모 해상화재보험
㈜(三井住友海上火災保険)
미야기 현(宮城県)
미에 TV 방송㈜(三重テレビ放送)
미하마초(美浜町)

<바 >

비파괴검사㈜(非破壊検査)
북일본 전선㈜(北日本電線)

<사 >

사쓰마센다이 시(薩摩川内市)
사토 공업㈜(佐藤工業)
산교 과학㈜(産業科学)
산에스㈜(サンエス)

산큐㈜(山九)
서일본 플랜트 공업㈜(西日本プ
ラント工業)
소지쓰㈜(双日)
소타 철공㈜(曽田鉄工)
손해보험 재팬 일본코아㈜(損害
保険ジャパン日本興亜)
스미토모 금속광산㈜(住友金属鉱山)
스미토모 생명보험상호회사(住友
生命保険相互会社)
스미토모 전기공업㈜(住友電気工業)
스케가와 전기공업㈜(助川電気工業)
시마네 현(島根県)
시미즈 건설㈜(清水建設)
시즈오카 현(静岡県)
시카마치(志賀町)
시코쿠 계측공업㈜(四国計測工業)
시코쿠 전력㈜(四国電力)
시헨 테크㈜(四変テック)
신닛테쓰미킨㈜(新日鐵住金)
신료 냉열공업㈜(新菱冷熱工業)
신무쓰오가와라㈜(新むつ小川原)
신에쓰 화학공업㈜(信越化学工業)
쓰루가 시(敦賀市)
사가 현(佐賀県)
서일본 기술개발㈜(西日本技術開発)
신일본 공조㈜(新日本空調)
신일본 비파괴검사㈜(新日本非破

壊検査)

<아>

아오모리 현(青森県)

아이치 금속공업㈜(愛知金属工業)

야마구치 현(山口県)

에바라 공업세정㈜(荏原工業洗浄)

에스테 산업㈜(エステー産業)

에이티에스㈜(エイ·ティ·エス)

에히메 현(愛媛県)

오나가와초(女川町)

오르가노㈜(オルガノ)

오마마치(大間町)

오마에자키 시(御前崎市)

오아라이마치(大洗町)

오요코켄 공업㈜(応用光研工業)

오이초(おおい町)

오이타 공동화력㈜(大分共同火力)

오카노 밸브 제조㈜(岡野バルブ
製造)

오카야마 대학 내재안전·안심센
터(岡山大学耐災安全·安心センター)

오쿠마마치(大熊町)

오키나와 전력㈜(沖縄電力)

오테크 전자㈜(オーテック電子)

와타한코키㈜(綿半鋼機)

요시자와LA㈜(ヨシザワLA)

요코가와 솔루션 서비스㈜(横河

ソリューションサービス)

욘덴 비즈니스㈜(四電ビジネス)

욘덴 엔지니어링㈜(四電エンジニ
アリング)

우쓰에 밸브 서비스㈜(ウツエバ
ルブサービス)

원연수송㈜(原燃輸送)

원자력 엔지니어링㈜(原子力エン
ジニアリング)

원자력발전환경정비기구(原子力
発電環境整備機構)

원자력서비스 엔지니어링㈜(原
子力サービスエンジニアリング)

원자연료공업㈜(原子燃料工業)

원전 엔지니어링㈜(原電エンジニ
アリング)

이노우에 전기㈜(井上電気)

이데미쓰코산㈜(出光興産)

이바라키 현(茨城県)

이시카와 현(石川県)

이와타 지자키 건설㈜(岩田地崎
建設)

이카타 초(伊方町)

이토추 상사㈜(伊藤忠商事)

이토추 테크노솔루션즈㈜(伊藤
忠テクノソリューションズ)

일본 공업검사㈜(日本工業検査)

일본 국토개발㈜(日本国土開発)

일본 방사능 엔지니어링㈜(日本
　放射線エンジニアリング)
일본 에너지법연구소(日本エネル
　ギー法研究所)
일본 원연㈜(日本原燃)
일본 원자력발전㈜(日本原子力発電)
일본 원자력방호시스템㈜(日本
　原子力防護システム)
일본 원자력보험풀(日本原子力保
　険プール)
일본 전기㈜(日本電気)
일본 가이시㈜(日本ガイシ)
일본 건설공업㈜日本建設工業
일본 경금속㈜(日本軽金属)
일본 기어 공업㈜(日本ギア工業)
일본 레코드 매니지먼트㈜(日本
　レコードマネジメント)
일본 마타이㈜(日本マタイ)
일본 메디피직스㈜(日本メジフィ
　ジックス)
일본 무키㈜(日本無機)
일본 시험검사㈜(日本試験検査)
일본 어드밴스드 테크놀로지㈜
　(日本アドバンストテクノロジー)
일본 유센㈜(日本郵船)
일본 통운㈜(日本通運)
일본 해운㈜(日本海運)
일본 핵연료 개발㈜(日本核燃料
開発)

<자>

전국전력관련산업노동조합총연
　합(全国電力関連産業労働組合総
　連合)
전기사업연합회(電気事業連合会)
전원개발㈜(電源開発)
㈜BGE
㈜BWR운전훈련센터(BWR運転訓
　練センター)
㈜Communicators
㈜E&E테크노 서비스(E&Eテクノ
　サービス)
㈜Energy Review Center
㈜IHI
㈜IHI검사계측(IHI検査計測)
㈜JP비즈니스서비스(JPビジネス
　サービス)
㈜JP하이테크(JPハイテック)
㈜KEC
㈜Kurion
㈜NESI
㈜NHV코퍼레이션(NHVコーポレ
　ーション)
㈜OCL
㈜PMS
㈜TechnoFlex

㈜TENEX Japan

㈜Tepco Systems

㈜가네카(カネカ)

㈜가미구미(上組)

㈜간덴 엔지니어링(かんでんエンジニアリング)

㈜간덴 파워테크(関電パワーテック)

㈜간덴코(関電工)

㈜간스이샤(関水社)

㈜개발설계 컨설턴트(開発設計コンサルタント)

㈜게이힌 코퍼레이션(京浜コーポレーション)

㈜고노이케구미(鴻池組)

㈜고베 제강소(神戸製鋼所)

주고쿠 전력㈜(中国電力)

㈜고쿠고(コクゴ)

㈜구리하란트(クリハラント)

㈜구마가이구미(熊谷組)

㈜기쿠치 테크닉스(キグチテクニクス)

㈜긴덴(きんでん)

㈜나가미(ナガミ)

㈜나가키세이키(永木精機)

㈜나카키타 제작소(中北製作所)

㈜노무라 종합연구소(野村総合研究所)

㈜뉴테크 도쿄지사(ニューテック東京支社)

㈜다쓰미 상회(辰巳商会)

㈜다이야 컨설턴트(ダイヤコンサルタント)

㈜다이이치 공예사(第一工芸社)

㈜다이헤이요 컨설턴트(太平洋コンサルタント)

㈜다카다 공업소(高田工業所)

㈜다케나카 공무점(竹中工務店)

주덴 부동산㈜(中電不動産)

주덴 플랜트㈜(中電プラント)

㈜덴쓰(電通)

주덴 환경 테크노스㈜(中電環境テクノス)

㈜도시바(東芝)

㈜도에넥(トーエネック)

㈜도오일보사(東奥日報社)

㈜도쿄 에네시스(東京エネシス)

㈜마에카와 제작소(前川製作所)

㈜메이덴샤(明電舎)

㈜메이와(明和)

㈜미쓰비시 도쿄 UFJ 은행(三菱東京UFJ銀行)

㈜미쓰비시 종합연구소(三菱総合研究所)

㈜미쓰이 스미토모 은행(三井住友銀行)

㈜미즈호 은행(みずほ銀行)

㈜번역센터(翻訳センター)

주부 냉열㈜(中部冷熱)

주부 전력㈜(中部電力)

㈜사덴코(佐電工)

㈜산코(三興)

㈜쇼센미쓰이(商船三井)

㈜스기노 머신(スギノマシン)

㈜시마즈 제작소(島津製作所)

㈜시즈오카 은행(静岡銀行)

㈜아사쓰 DK(アサツーディ·ケイ)

㈜안도 하자마(安藤·間)

㈜야노 경제연구소(矢野経済研究所)

㈜에너지스(エナジス)

㈜에바라 제작소(荏原製作所)

㈜오바야시구미(大林組)

㈜오카무라 제작소(岡村製作所)

주오 개발㈜(中央開発)

㈜오쿠무라구미(奥村組)

㈜우토쿠(宇徳)

㈜원자력 엔지니어링(原子力エン
ジニアリング)

㈜원자력발전훈련센터(原子力発
電訓練センター)

㈜원자력안전시스템연구소(原子
力安全システム研究所)

㈜이토키(イトーキ)

㈜일본 환경조사연구소(日本環境
調査研究所)

㈜일본 정책투자은행(日本政策投
資銀行)

㈜일본 제강소(日本製鋼所)

㈜일본 종합연구소(日本総合研究所)

㈜일본 액시스(日本アクシス)

㈜제니타카구미(銭高組)

㈜주덴코(中電工)

㈜주부 플랜트서비스(中部プラン
トサービス)

㈜지요다 테크놀(千代田テクノル)

㈜테크노 주부(テクノ中部)

㈜페스코(ペスコ)

㈜하쿠호도(博報堂)

㈜한와(阪和)

㈜환경정화 연구소(環境浄化研究所)

㈜환경종합 테크노스(環境総合テ
クノス)

㈜후지쿠라(フジクラ)

㈜후지킨(フジキン)

㈜후지타(フジタ)

㈜후쿠다구미(福田組)

㈜후쿠이신문사(福井新聞社)

㈜히타치 물류(日立物流)

㈜히타치 제작소(日立製作所)

㈜히타치 파워솔루션즈(日立パワ
ーソリューションズ)

㈜히타치 플랜트 콘스트럭션(日
立プラントコンストラクション)

지요다 메인터넌스㈜(千代田メインテナンス)

지요다 화공건설㈜(千代田化工建設)

지요다코산㈜(千代田興産)

<타 >

트랜스뉴클리어㈜(トランスニュークリア)

특허청(特許庁)

<파 >

파나소닉㈜

프랑스전력(EDF)일본주재사무소 (フランス電力(EDF)日本駐在事務所)

<하 >

해외 우라늄 자원개발㈜(海外ウラン資源開発)

해외 재처리 위원회(海外再処理委員会)

호에이 공업㈜(宝栄工業)

호쿠덴 산업㈜(北電産業)

호쿠덴 종합설계㈜(北電総合設計)

호쿠리쿠 발전공사㈜(北陸発電工事)

호쿠리쿠 전기공사㈜(北陸電気工事)

호쿠리쿠 전력㈜(北陸電力)

홋카이도 계기공업㈜(北海道計器工業)

홋카이도 레코드 매니지먼트㈜

(北海道レコードマネジメント)

홋카이도 전력㈜(北海道電力)

홋카이도 파워엔지니어링㈜(北海道パワーエンジニアリング)

홋카이도(北海道)

후지 전기㈜(富士電機)

후지 필름 RI 파마㈜(富士フイルムRIファーマ)

후지쓰㈜(富士)

후쿠이 공업대학 아이소토프 연구소(福井工業大学アイソトープ研究所)

후쿠이 현 원자력평화이용협의회(福井県原子力平和利用協議会)

후쿠이 현(福井県)

후타바마치(双葉町)

히가시도리무라(東通村)

히라타 밸브 공업㈜(平田バルブ工業)

히로노마치(広野町)

히타치 금속㈜(日立金属)

히타치 알로카 메디컬㈜(日立アロカメディカル)

히타치GE 뉴클리어 에너지㈜(日立GEニュークリア・エナジー)

히타치조선㈜(日立造船)

참고문헌

이케다 노리자네池田徳眞『프로파간다 전사プロパガンダ戦史』주코신서中公新書 (1981)

Adolf Hitler『나의 투쟁 I 민족주의적 세계관 わが闘争 I 民族主義的世界観 (원제 Mein Kampf)』가도카와문고角川文庫(1973)

Edward Wadie Said『전쟁과 프로파간다戦争とプロパガンダ(원제 War and Propaganda)』미스즈쇼보みすず書房(2002)

Anthony Pratkanis · Elliot Aronson『프로파간다 광고 · 정치 선전의 구조를 파악하다プロパガンダ 広告·政治宣伝のからくりを見抜く(원제 Age of Propaganda-The Everyday use and Abuse of persuasion)』세이신쇼보誠信書房(1998)

Noam Chomsky『미디어와 프로파간다メディアとプロパガンダ(원제 Letters from Lexington)』세이도샤青土社(2008)

Noam Chomsky · Edward Herman『매뉴팩처링 · 콘센트매스미디어의 정치경제학マニュファクチャリング·コンセントマスメディアの政治経済学(원제 Manufacturing Consent: The Political Economy of the Mass Media)』TRANSBIEW(2007)

Robert Cialdini『영향력의 무기 제2판影響力の武器第二版(원제 Influence: Science and practice)』세이신쇼보誠信書房(2007)

Anne Morelli『전쟁 프로파간다 10의 법칙戦争プロパガンダ10の法則 (원제 Principes élémentaires de propagande de guerre)』소시샤草思社(2002)

히노 고스케日野行介『후쿠시마 원전 사고: 현민건강관리조사의 어둠 福島原発事故 県民健康管理調査の闇 』이와나미신서岩波新書(2013)

히노 고스케日野行介『후쿠시마 원전 사고: 피해자 지원정책의 기만 福島原発事故 被災者支援政策の欺瞞 』이와나미신서岩波新書(2014)

가리야 데쓰雁屋哲·하나사키 아키라花咲アキラ『맛의 달인 '후쿠시마의 진

실'편 美味しんぼ「福島の真実」編』110, 111권 쇼가쿠칸小学館(2013, 2014)

야노 구미코矢野久美子『한나 아렌트 '전쟁의 세기'를 살았던 정치 철학자 ハンナ・アーレント「戦争の世紀」を生きた政治哲学者』주코신서中公新書(2014)

사와다 쇼지沢田昭二 외『후쿠시마 귀환을 진행하는 일본 정부의 4가지 잘못福島への帰還を進める日本政府の4つの誤り』준포샤旬報社(2014)

오타 마사카쓰太田昌克『미일〈핵〉동맹 원폭, 핵우산, 후쿠시마 日米〈核〉同盟 原爆,核の傘,フクシマ』이와나미신서岩波新書(2014)

소에다 다카시添田孝史『원전과 대형 쓰나미: 경고를 묻은 사람들 原発と大津 波 警告を葬った人々』이와나미신서岩波新書(2014)

고토 시노부後藤忍 저, 후쿠시마 대학 방사선부독본연구회福島大学放射線副読 本研究会 감수『모두 함께 배우는 방사선 부교재: 과학적·윤리적 태도와 논리를 이해하다みんなで学ぶ放射線副読本 科学的・倫理的態度と論理を理解する』고도출 판合同出版(2013)

히라이 다다시平井正『20세기의 권력과 미디어: 나치 · 통제 · 프로파간 다 20世紀の権力とメディア ナチ・統制・プロパガンダ』유잔카쿠출판雄山閣出版(1995)

쓰가네사와 도시히로津金澤聰廣·사토 다쿠미佐藤卓己『홍보 · 광고 · 프로파 간다広報·広告·プロパガンダ』미네르바쇼보ミネルヴァ書房(2003)

시라이시 하지메白石草『미디어를 만드는 '작은 목소리'를 전하기 위하여 メディアをつくる「小さな声」を伝えるために』이와나미북클렛岩波ブックレット(2011)

우가야 히로미치烏賀陽弘道『후쿠시마 2046 원전 사고: 미완의 수지 보고 서フクシマ2046 原発事故 未完の収支報告書』비즈니스사ビジネス社(2015)

가토 히사하루加藤久晴『원전 TV의 황야: 정부 · 전력 회사의 방송 통제 原 発テレビの荒野 政府・電力会社のテレビコントロール』오쓰키서점大月書店(2012)

나카무라 마사오中村政雄『원자력과 보도原子力と報道』주코신서 라크레中公新 書ラクレ(2004)

아마노 유키치天野祐吉『성장에서 성숙으로: 경제 대국이여 안녕 成長から成 熟へさよなら経済大国』슈에이샤신서集英社新書(2013)

『광고비평広告批評』1987년 6월 제95호 마도라출판マドラ出版

기타무라 유키타카北村行孝·미시마 이사무三島勇『일본 원자력 시설의 전 데이터 완전개정판 '구조'와 '리스크'를 재확인하다 日本の原子力施設全データ 完全改訂版「しくみ」と「リスク」を再確認する』고단샤 블루백스講談社ブルーバックス(2012)

아사히朝日신문·요미우리讀賣신문·마이니치每日신문·산케이産経신문· 신문 아카하타しんぶん赤旗·후쿠시마민보福島民報·후쿠시마민우福島民友· 니가타新潟일보·후쿠이福井신문·도오東奥일보·시코쿠四国신문·마이 뉴스 재팬マイニュースジャパン

원전 프로파간다
—안전신화의 불편한 진실—

초판 1쇄 인쇄 2017년 10월 10일
초판 1쇄 발행 2017년 10월 15일

저자 : 혼마 류
번역 : 박제이

펴낸이 : 이동섭
편집 : 이민규, 오세찬, 서찬웅
디자인 : 조세연, 백승주
영업 · 마케팅 : 송정환, 최상영
e-BOOK : 홍인표, 김영빈, 유재학
관리 : 이윤미

㈜에이케이커뮤니케이션즈
등록 1996년 7월 9일(제302-1996-00026호)
주소 : 04002 서울 마포구 동교로 17안길 28, 2층
TEL : 02-702-7963~5   FAX : 02-702-7988
http://www.amusementkorea.co.kr

ISBN 979-11-274-1058-2 04330
ISBN 979-11-7024-600-8 04080

GENPATSU PUROPAGANDA
by Ryu Honma
Copyright © 2016 by Ryu Honma
First published 2016 by Iwanami Shoten, Publishers, Tokyo.
This Korean edition published 2017
by AK Communications, Inc., Seoul
by arrangement with the Proprietor c/o Iwanami Shoten, Publishers, Tokyo.

이 도서의 국립중앙도서관 출판예정도서목록(CIP)은 서지정보유통지원시스템 홈
페이지(http://seoji.nl.go.kr)와 국가자료공동목록시스템(http://www.nl.go.kr/
kolisnet)에서 이용하실 수 있습니다. (CIP제어번호: CIP2017023756)

*잘못된 책은 구입한 곳에서 무료로 바꿔드립니다.